Tapes et Batailles d'un Hussard!

août-Décembre 1914

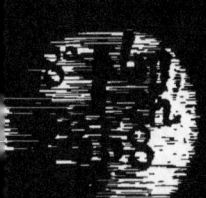

PRIX NET

LIBRAIRIE ATTINGER FRÈRES, 30, BOUL. SAINT-MICHEL, PARIS

Majoration TEMPORAIRE **20 p. 100** du PRIX MARQUÉ

(Décision du Syndicat des Éditeurs du 27 Juin 1917.)

RENÉ DE PLANHOL

Étapes et Batailles
d'un
HUSSARD

Août-Septembre
1914

PARIS
ATTINGER FRÈRES, ÉDITEURS
2, Rue Antoine Dubois

Ces souvenirs essayent de résumer la guerre, depuis ses débuts jusqu'à la fin de 1914, — la guerre telle que nous, les soldats, l'avons connue. Jusqu'à ce que la maladie m'ait éloigné du combat, le hasard m'a fait assister, à peu près, aux plus pathétiques épisodes de la lutte : bataille de Charleroi, retraite, batailles de la Marne, de l'Aisne et des Flandres. Tour à tour, mes compagnons et moi, nous avons éprouvé l'enthousiasme du départ et l'angoisse de la défaite ; et puis, après le miracle du salut, les semaines longues de patience confiante. Or, voici que les bulletins nous apportent, en l'honneur du jeune printemps, les gages magnifiques du triomphe. Tandis que la guerre, évidemment, commence une phase nouvelle qui se terminera par la déroute des barbares, j'ai souhaité d'évoquer dans ces pages les premières péripéties qui furent celles de nos âmes et de la France.

Mai 1915.

R. P.

ÉTAPES & BATAILLES
D'UN HUSSARD

I

Le départ.

Sans périls et sans gloire, cette petite ville menait une existence monotone et profitable. Située à l'ouest de la France, elle soupçonnait à peine les menaces de l'étranger et n'entretenait point les rêves de la Revanche. Les paysans de la contrée se souciaient presque uniquement de vendre à bon prix le bétail ; et le rendement divers de la moisson marquait à leur souvenir la suite des années. Les bourgeois se contentaient de saisons tracées par avance, et d'une sécurité que ne bouleversait nulle catastrophe. Ils ne se lassaient pas de plaisirs sempiternels : à l'automne, les chasses longues et souvent vaines ; puis les parties de cartes, durant l'hiver, dans les tavernes enfumées ; et, dès le printemps, sur le bord de la rivière peinte par le soleil, les séances de pêche obstinée.

La petite ville ne s'animait guère que pour les foires. Alors elle s'emplissait de troupeaux, de sonnailles et de cris. Parqués sur la place, les moutons et les bœufs attendaient quelque acheteur bénévole. Marchands et voyageurs s'interpellaient, se querellaient, plaisantaient, et bientôt de compagnie, pour célébrer le marché conclu, vidaient hardiment des bouteilles. En outre, les luttes politiques divisaient la petite ville. Aux périodes électorales, l'inimitié des partis s'exaspérait au point que les disputes des blancs et des rouges dégénéraient en pugilats. Pendant les mois ordinaires, cette virulence s'apaisait un peu. Toutefois, les instituteurs dénonçaient l'obscurantisme clérical, et le maire, volontiers, taquinait les processions.

Soudain, ce 2 août 1914, comme voilà notre petite ville changée ! A toutes les âmes, l'ennemi qu'elles oubliaient se rappelle. Mais il ne les rencontre point en désarroi. Pour le succès de son attentat, il se fiait à leur sommeil. Au contraire, elles tressaillent d'allégresse.

La vie ordinaire s'est interrompue. Affaires et jeux, désormais, chôment. Dans les rues, les passants s'abordent, échangent les journaux et les nouvelles :

— Croyez-vous, depuis quarante-quatre ans !

— Le député assure que l'Angleterre est neutre.

— Baliverne ! Lisez l'article du *Times*, que reproduit *L'Ouest-Eclair*.

Artisans et rentiers, blouses bleues et vestons, forment des groupes mêlés où les voix retentissent et dont les cannes se lèvent. Les portes des maisons s'ouvrent et montrent des hommes porteurs de valises ou de baluchons. Épouses et mères escortent jusqu'à la gare les maris ou les fils qui s'en vont. Des cortèges

défilent, drapeaux déployés, et clament la *Marseillaise*.
Spontanément on omet les bisbilles de la veille. Et les commerçants, postés sur les seuils des boutiques, ne s'étonnent point de ce curé qui chemine aux côtés d'un maître d'école. Tous deux, à qui les écoute, s'accordent pour affirmer, avec vivacité :

— Oui, notre pays, à l'égard de ces Allemands, n'a manifesté que trop de complaisance.

Pareillement, les chefs républicains, voire francs-maçons, serrent les mains de réactionnaires notoires. Comme les visages, les maisons, ornées de guirlandes et de bannières, ont pris leur physionomie de fête, en l'honneur des soldats.

Car la ville possède un régiment : de beaux hussards, à qui naguère elle ne vouait que peu d'attention, mais qui deviennent son prestige et son orgueil. Sur une côte, et dominant la cité, le quartier s'érige. Devant la grille, sans répit, des civils se succèdent. La foule des arrivants peuple la cour et les chambres. Des trompettes poussent leurs sonneries variées. Coiffés la plupart de casquettes, et tenant leurs livrets à la main, des gaillards grimpent les escaliers, s'entre-croisent, se reconnaissent mutuellement, évoquent les fredaines du congé, pleurent presque de tendresse.

— Ah ! Polka, mon vieux, il y en avait pas de pareille, elle me reconnaissait à cent mètres, cette jument-là !

— Et l'adjudant-trompette, quel vieux fou.

— Mais rappelle-toi, vieux, pour la libération, cette bitûre !

Bras dessus, bras dessous, ils déambulent des écuries au bureau, de la cour à la cantine. Comme ils sont loin, déjà, de leurs demeures et de leurs travaux ! Ils subissent encore la surprise de l'immense aventure où les jette la destinée. Leur sort de guerriers émerveille ces cultivateurs, attrapés dans l'engrenage de la nation. Ils discernent mal leur exact avenir, devinent des canonnades et des charges, des poursuites et du sang, acceptent avec entrain leur vocation héroïque.

Ces réservistes erraient ainsi librement, tandis que les escadrons d'active s'apprêtaient à l'imminent départ. Pourvus de leurs armes et de leurs uniformes neufs, ils recevaient encore de menus objets, bidons ou pattes d'épaules. Les fourriers n'arrêtaient point de courir et les garde-magasins — auxiliaires exempts des combats — aspiraient au repos. Inspectant leurs pelotons, les officiers exhortaient les courages, présageaient des triomphes. Devant la salle du drapeau, l'état-major, autour du colonel, examinait les cartes de la Lorraine.

De bouches en bouches, des rumeurs circulaient. Officiellement, l'Allemagne avait déclaré la guerre à la Russie, — et donc, virtuellement, à la France. Là se bornait notre certitude. Mais ces renseignements n'assouvissaient point l'unanime impatience. Pour la satisfaire, nous exigions, avant que de nous battre, des victoires. Et qui ne se fût réjoui de cette dépêche, relatée par le sous-officier de planton à la gare :

— Brindejonc des Moulinais a lancé son aéroplane contre un zeppelin, dont les vingt-quatre passagers sont morts. Tombé lui-même, Brindejonc ne souffre que de légères blessures.

On racontait aussi qu'une division de uhlans avait franchi la frontière et que, bousculée près de Lunéville par nos dragons, elle laissait entre nos mains deux mille prisonniers. Les imaginations s'exaltaient à ce prélude des chevauchées. Écartant un raisonnable scepticisme, elles consentaient à la séduction du mythe.

Ainsi coulaient des heures, ensemble lentes et fébriles. Sur la fin de l'après-midi, le quartier se déversait dans les avenues tièdes et dorées. Des hussards, déjà, s'exhibaient en tenue de campagne et proposaient leur équipement à l'admiration des bambins. Aux badauds, d'anciens chasseurs d'Afrique narraient les embuscades marocaines. Çà et là, quelques hâbleurs dévoilaient aux profanes les plans infaillibles de nos généraux. De cafés en cafés, se promenaient enthousiasmes et mélancolies. Les breuvages échauffaient les têtes et rougissaient les faces. Des refrains de chansons trouaient l'ombre déclinante, fusaient dans l'espace, se perdaient sous les étoiles.

Fatigués de ces flâneries, les militaires rentraient et, dans les greniers, se couchaient sur les paillasses. Serrés les uns contre les autres, ils respiraient d'un souffle égal ou ronflaient sans vergogne. Le ciel des lucarnes éclairait confusément les poses bizarres des corps étendus, autour de qui voltigeait la troupe irréelle des songes.

Deux journées semblables durèrent. Les trains épandaient contingents après contingents, qui bondaient la caserne. Les rumeurs continuaient de naître, s'amplifier, s'évanouir. Les gazettes fournissaient seulement, de toute la France, les témoignages d'une même bonne volonté.

Les sous-officiers furent conviés par leur cercle à « un punch », afin d'accueillir décemment la guerre. Si les cœurs étaient en joie, ne convenait-il pas de boire? Au vrai, ce punch fallacieux était du champagne, dont les bouchons sautèrent, images dérisoires des projectiles. La mousse pétilla dans les coupes qui se choquèrent, tandis que les lèvres restaient closes. Etouffant les rires, une gravité pathétique accablait cet instant. Le silence se perpétuait. Comme pour en secouer le poids, un adjudant leva son verre :

— A nos coups de sabre ! mes amis

Mais, dehors, un bourdonnement grossissait, et couvrit ces paroles. Des vociférations aiguës ou rauques jaillissaient du bruit sourd. Peu à peu, on distinguait des insultes. Tout à coup, une foule gesticulante et hurlante se massa devant le corps de garde. Elle entraînait et malmenait un individu qui essayait en vain de se délivrer. Deux citoyens se présentèrent et demandèrent un officier. Dignes, ils exposèrent leurs griefs :

— Cet individu a proféré : Vive l'Allemagne, et nous le suspectons d'espionnage.

Le chef d'escadrons fit comparaître l'espion présumé qui, le nez saignant et l'œil tuméfié, marmonnait des phrases saccadées et pâteuses. Vêtu d'un bourgeron déchiré, cet ivrogne agitait le bras gauche et alliait dans son amour l'Allemagne et la Chine :

— Vive Guillaume ! Vivent les mandarins !

Au hasard de son ébriété, sans doute, il eût loué pareillement l'Abyssinie et le Venezuela. Le commandant envoya au cachot ce personnage, à qui manquait le sens de l'opportunité. Cependant, la foule, déçue, sollicitait des châtiments, proportionnés aux humeurs plus ou moins rigoureuses : le fouet ou la mort. Un garçon boucher, enflammé d'ardeur patriotique et d'alcool, suppliait :

— Laissez-moi lui donner un coup de poing, un seul, un tout petit coup de poing de la main gauche.

Des sentinelles tirèrent leurs sabres et dispersèrent la

cohue. Dociles et sans rancune, ces gens s'exclamèrent encore :
— Vive l'armée !
Le vacarme s'éloigna et se tut. Un planton apportait un ordre du colonel. Et tout de suite cet ordre se communiqua. Le régiment, le soir même, serait dirigé vers la frontière. Des chambres, où les hussards s'ennuyaient, la *Marseillaise* bondit, traversa les cloisons, se répercuta contre les murailles. Elle saluait la perspective des splendides lendemains.

A la nuit venue, les escadrons s'alignèrent sur la piste intérieure, où ils dessinaient des silhouettes imprécises. Les chevaux s'ébrouaient, piaffaient, rompaient les rangs immobiles. Accrochées aux portes des écuries, des lanternes pâles sillonnaient de leurs reflets l'ombre dense. Le colonel, debout sous la voûte d'un bâtiment, causait avec les capitaines. Mais un adjudant s'avança :
— Permettez-vous, mon colonel ?
C'est une petite fille, haute comme la botte d'un hussard. Son visage se cache derrière des fleurs qui s'épanouissent en bouquet tricolore. Elle tend au colonel son fardeau, et commence un compliment :
— Mon colonel, au nom de tous les habitants.
Mais le colonel a saisi les fleurs et la petite fille dont il hisse jusqu'à la lueur d'un falot la chevelure blonde ébouriffée sur des yeux qui sourient. Puis il baise la petite fille sur les deux joues.

A cheval ! Au commandement bref, le régiment s'ébranla. Souple, il s'incurva, passa sous le porche, sortit de l'enceinte, gagna la place inondée de peuple et piquée de lampions. Précédant le colonel, les trompettes jouaient une fanfare, qu'accompagnaient aussitôt les ovations :

« Vive l'armée ! » Résumant l'âme populaire, ce cri ne s'épuisait pas, et ne s'amenuisait que pour résonner plus impérieux. Sans cesse accru, il suivait la colonne, dont les sabots claquaient sur les pavés et allumaient des étincelles. Aux fenêtres et devant les portes, des familles applaudissaient. En guise de remerciements, les officiers inclinaient leurs sabres. Au risque d'être blessés, des bambins couraient, se faufilaient entre les naseaux et les croupes, offraient des cigarettes et des fruits. Etourdi par ce tapage, un cheval se cabra et tomba sur le flanc. Agile, le cavalier s'était dégagé. Il se retrouvait debout aux côtés de la bête frémissante. Ce fut un délire de bravos.

A nos yeux, le régiment, déjà, s'auréolait de ses futures prouesses. Il cheminait vers l'odeur de la poudre, les lances abattues, les corps piétinés, les galops furieux. Il dérobait nos espérances et nous aiguillonnait de jalousie. Derrière lui, laisserait-il de la gloire ?

A la gare, le tumulte se brisa, pour s'éparpiller dans la ville. Jusqu'à l'aube, des cortèges la visitèrent, éveillèrent ses faubourgs, prolongèrent sa frénésie.

Le lendemain, comme le lendemain d'une réjouissance, avait une saveur d'amertume, de regret, de résignation. Un commandant-major, navré de son rôle mal reluisant, s'occupait d'ordonner et d'encadrer les réserves. Sur la piste intérieure, entre les haies de buis, un millier de garçons se disséminèrent. Au gré des remous, ils formaient des amas inconsistants et, comme sous l'impulsion de vents contraires, voguaient d'une rive à l'autre. Mélangées et confondant les mots, les voix imitaient les croassements des corneilles. Sur des hampes, des écriteaux émergèrent, qui indiquaient les chiffres des nouveaux escadrons, numérotés de 5 à 12. Des mouvements en tous sens s'orientèrent vers ces insignes, centre des ralliements. Affairés, les scribes du major allaient d'un rassemblement à un autre, consultaient listes et registres, précisaient à chaque homme son affectation :

— Mais non, vous êtes au septième.

— Allons, vous ne savez donc pas lire ? Neuvième, ici.

— Ah ! vous vous débrouillerez avec votre capitaine.

Peu à peu la pagaie s'organisa. Les escadrons établirent leur nomenclature, désignèrent chefs et fourriers, se répartirent en pelotons. A l'arrière, des groupes moins nombreux réunissaient les éclaireurs d'infanterie et les escortes des généraux.

Notre petit groupe, destiné à un général de division, comprenait un lieutenant, cinq maréchaux des logis, une douzaine de cavaliers. Dès le lendemain, nous devions rejoindre notre poste. Nous avions tout juste le temps de toucher les uniformes, les harnachements, les armes, les chevaux. Sans répit, on se mit à la besogne. Le lieutenant, industriel à Paris, et âgé de quarante-cinq ans, servait donc, Lorrain et fils d'officier, de sa propre initiative. Excellent et affable, il s'ingéniait à faciliter notre tâche. Un employé d'octroi — ancien sous-officier, quinze ans de service — un agent d'assurances, un commis de magasin, un fermier angevin étaient les maréchaux des logis autres que moi-même. Les hommes, la plupart paysans, quelques-uns domestiques, provenaient d'Anjou, de Lorraine ou de Vendée. La chance nous procura, parmi les chevaux de réquisition, un lot d'animaux estimables, tarbais nerveux et rapides, accoutumés à la selle, de bouche seulement un peu dure. Le mercredi 5 août, sur le midi révolu, nous descendîmes vers la gare. Sous l'oppression de l'astre, la cité s'abandonnait à la torpeur, et dans les maisons les volets fermés retenaient l'ombre froide. Devant les murs jaunes et animant les raies de poussière, dansaient les moucherons. Ignorant notre départ, la ville négligeait de nous souhaiter un voyage favorable. Tout au plus, dans les avenues presque désertes, de rares bourgeois et quelques gamins remarquaient notre passage. Effarouchés d'abord par leurs wagons, les chevaux rétivèrent et se casèrent enfin. Bientôt le train nous emportait.

II

La Lorraine (5-20 *août*).

Au gré de notre marche rapide ou lente, prairies, bois et villages défilaient à nos yeux. Assis sur les marches des wagons, ou debout contre les portes ouvertes, les hommes respiraient la brise du soir, agitaient leurs mouchoirs ou leurs coiffures, adressaient aux paysages les gestes de l'adieu. Ornant les cloisons, des caricatures peignaient en fâcheuse attitude Guillaume ou son acolyte autrichien. Aux alentours des gares, le train retentissait de chansons: *Marseillaise* ou *Chant du départ*. Accoudées contre les barrières, des femmes et des filles répondaient par leurs ovations; et les plus hardies nous envoyaient des baisers. Des territoriaux à barbe grise, accoutrés de vêtements civils et de képis, gardaient, à intervalles fixes, la voie ferrée. Appuyés sur leurs fusils et souriants, ils hochaient la tête d'un air paternel. De temps à autre, le train stoppait. Alors les soldats sautaient sur le sol, cherchaient aux buffets quelques bouteilles, acceptaient des habitants pommes et poires. Un trompette sonnait le départ et le train, complaisant, ne se hâtait pas. En dépit de ces précautions, un retardataire manqua le signal et ne put que lancer vers notre fuite ses implorations éperdues.

Il semblait que le train, peu à peu, s'enfonçât dans la nuit. Thouars, Saumur, Tours, derrière nous, les stations illuminées s'éteignaient. Enguirlandés de fleurs, des convois d'infanterie encombraient les lignes et s'aiguillaient sur des routes divergentes. Lasses, les clameurs cédaient au sommeil et à l'ombre, les paupières lourdes s'abaissaient, les têtes tombaient sur les épaules. Dans le silence, la locomotive seule vivait, sifflant sa fumée, précipitant sa course, chargeant contre le vent et l'espace. A bout de souffle, elle haletait, glissait encore sur les rails, grinçait, s'arrêtait enfin. Les hommes bondissaient des portières, se frottaient les cils, frissonnaient dans le brouillard qui, pareil à des milliers d'épingles, piquait les joues et les mains. Sur le talus un cuisinier attisait des flammes qui chauffaient des marmites énormes, où l'on puisait un café âcre et brûlant. Reposée, la locomotive repartait à plus sage allure. Vers quelle région, le Nord, ou l'Est, Liége ou Nancy? Les campagnes succédaient aux campagnes, sans nous divulguer l'énigme de notre destin...

Tournant au sud de Paris, l'itinéraire s'infléchissait. Voici les coteaux de Bourgogne. Et puis nous traversions les plaines de Champagne, évidemment pour gagner la Lorraine. Dénotant la proximité de la frontière, l'enthousiasme général s'accentuait. Depuis tant d'années contenue, la haine éclatait contre l'ennemi héréditaire, l'envahisseur si souvent chassé, le barbare qui traine après soi le pillage et le meurtre. Afin d'admirer et de saluer ses défenseurs, le peuple, négligeant les ateliers, les vignobles et les labours, se postait aux abords du chemin de fer. Il n'y avait plus que des femmes, des vieillards et des enfants. Déjà les bravos applaudissaient à nos triomphes, et les voix nous qualifiaient de victorieux.

La haine de la foule mélangeait aux insultes les quolibets et, guidée par son instinct sûr, visait ce Guillaume, synthèse de la nation abhorrée. De lieues en lieues, une identique supplication se modulait :

— Une cuisse de Guillaume, s'il vous plaît

ou

— La tête de Guillaume à la vinaigrette.

Des matrones, des gamins, des jeunes filles se découvraient tout à coup de justes désirs de cruauté. Un cantonnier, qui se remémorait l'invasion dernière, affirmait :

— Tirez dedans sans scrupule. Ce n'est pas des hommes. C'est des cochons.

Le goût de la paix, la résignation à la défaite s'effaçaient, pour la nécessaire vengeance.

Et se métamorphosaient les égoïsmes des provinces. Près de Bar-sur-Aube, des étendards flottaient, des adolescents criaient : « Vive la France ! », et distribuaient des cartes postales. Ces images représentaient « le bataillon de fer des vignerons », celui-là même qui, naguère, à propos des limites champenoises, avait arboré le drapeau rouge et fomenté la révolution. Un officier imprudent protesta :

— De telles gravures sont antimilitaristes. Dans ce moment ! Vous n'avez pas honte !

Mais la population, indignée :

— Non, pas antimilitaristes, patriotiques, pour la Champagne. Vive l'armée !

Inconsciente, elle vouait ses fétiches désuets à un culte nouveau.

Nous avions abandonné, dans la cour de notre quartier, des rumeurs consolantes et trompeuses. Mais d'autres, plus belles, volaient au-devant de nous et nous versaient leur délire. Des fonctionnaires nous les certifiaient, qui avaient lu les dépêches officielles, ou vu les trains de prisonniers. Ainsi, ce chef de gare, fier de son importance, nous chuchotait ses secrets :

— Nos armées occupent Colmar, après une bataille où 30,000 Allemands et 10,000 Français sont restés sur le terrain. Un bataillon de chasseurs a perdu les trois quarts de son effectif, mais capturé cent vingt-cinq mitrailleuses. Et nos adversaires se retirent sur le Rhin.

D'ailleurs, les journaux nous avisaient que l'Angleterre s'alliait à la Russie et à la France. Crédules, nous acceptions, ainsi que des vérités, les duperies. Comment résister à de si délectables mensonges ?

Les collines boisées de Toul se dessinèrent sur le gris matin. Les sommets arrondis, où se nichaient les canons et les forts, dressaient la première barricade opposée à l'étranger. Mais nul écho de combat ne se répercutait contre les pentes, dépassées par nos soldats.

A Pont-Saint-Vincent, petite ville située entre Nancy et Toul, notre état-major nous attendait. Ce bourg était, pour tout le corps d'armée, le point de concentration. Sur la route, où nos chevaux engourdis choppaient, artilleurs, fantassins, trains des équipages s'enveloppaient de poussière et de soleil. Entre des gazons et des peupliers, la Moselle déroulait son ruban clair ; et des arbres nous alléchaient avec leurs mirabelles succulentes. Le paysage calme invitait à l'indolence et à la gaieté. N'était-ce point pour des manœuvres que ces troupes s'assemblaient ?

Nous choisîmes nos cantonnements. Par les rues, des régiments rejoignaient les avant-postes près de la frontière. Et les illusions du voyage s'évanouissaient à nos esprits : les forces rivales ne se heurtaient pas encore, mais seulement se tâtaient au moyen d'escarmouches où, toutefois, se prouvait notre supériorité offensive. Abritée par une solide couverture, notre mobilisation s'effectuait avec un ordre excellent que nulle attaque brusquée ne troublerait plus.

Sur les bords de la rivière, près d'automobiles et de camions, des chevaux attachés à des cordes paissaient l'herbe rase. Des gendarmes, des dragons se bâtissaient des cabanes, somnolaient dans leurs manteaux, allumaient des feux. Quelques barques se balançaient sur l'eau verte, jaune et dorée. Des pêcheurs à la ligne, les jambes pendantes, fumaient leurs pipes et scrutaient la nappe miroitante. Narguant leur patience inutile, un garnement jetait un filet minuscule, où s'attrapait sans cesse quelque butin.

La chaleur traînait par le village. Mais dans les brasseries, moussait la bière glacée. Des familles de chats miaulaient sur les toits, dégringolaient des gouttières. Des bambins sortaient de chaque porte, pullulaient sur les trottoirs, montraient des chevelures blondes et des yeux bleus. En nous, ces Lorrains vénéraient leurs sauveurs. Sur cette terre classique des guerres se perpétue la mémoire des anciens ravages. Combien de femmes pensaient à leur cousin ou frère, esclave des Prussiens.

Terre où les civilisations se choquent, luttent, s'accordent parfois, pour aboutir à des combinaisons singulières. Ainsi, dans une maison de dévôts catholiques, une photographie du Pape voisinait avec cette estampe : « Luther et Melanchton étudiant la Bible ».

Durant quatre journées, la concentration se poursuivit. Bataillons, batteries, états-majors, approvisionnements, intendances se répartissaient dans la contrée. Notre général J.-B. Dumas avait une figure traditionnelle d'énergique soldat. De taille petite, mais droite et mince, les moustaches blanches en crocs, la voix cassante, il attestait, dès l'abord, ses aptitudes de commandement. Son chef d'état-major, le commandant Jette, tâchait d'inspirer de la crainte, simulait la colère et les menaces. En dépit de ses efforts, et quoique un peu fantastique, il se faisait vite aimer.

Quotidiennement, dès cinq heures, le général montait à cheval et, accompagné de son escorte, commençait une randonnée. Cavalier habile et infatigable, méprisant la distance, la soif et le soleil, il ne rentrait que tard dans l'après-midi. Les brigades, les régiments, les compagnies recevaient tour à tour sa visite. Il prescrivait des exercices, formait les pelotons en tirailleurs qu'il jetait à l'assaut d'un mamelon, exigeait promptitude et agilité. Si des escouades préparaient la soupe, il plaisantait avec elles, les interrogeait, goûtait la cuisine. Son souci constant était que les hommes le connussent. Et maintes fois, s'approchant d'une section, il demandait sans préambule :

— Comment est-ce que je m'appelle ?

Le plus souvent interloqués, les fantassins demeuraient bouche bée. Alors le général se fâchait et morigénait l'officier :

— Dumas ! Ce n'est pas difficile à retenir. Un nom bien français.

Et il s'éloignait au galop. Cependant, la tranquillité persistait dans la campagne, et les oreilles guettaient en vain, vers les horizons, le bruit qui eût dénoncé la guerre. En avant de notre front, la cavalerie fouillait les villages et les bois. Chaque soir, des estafettes rendaient compte de ces explorations. Les patrouilles adverses évitaient les nôtres, se dérobaient, et nos détachements ne signalaient, en deçà des limites qui leur étaient fixées, nul groupe d'importance. Certain crépuscule, quatre salves de canon tonnèrent, excitant partout l'inquiétude. N'imaginait-on point quelque irruption des Allemands? Au vrai, les artilleurs se contentaient de détruire une maison délabrée qui gênait leur ligne de tir.

Mais, tandis que durait notre inaction, les bulletins officiels, télégraphiés aux mairies, nous communiquaient des nouvelles heureuses : la pénétration française en Alsace, et la prise de Mulhouse, par quoi se réparaient nos déceptions. D'autre part, devant Liége, les Belges maîtrisaient les assiégeants. Il semblait que l'épreuve dissipât l'énorme hâblerie de la puissance germanique.

Le 11 août, le corps d'armée se mit en marche et s'installa sur les positions assignées. Il organisait défensivement les coteaux qui, au nord-est de Nancy, protègent la grande ville. Les sommets, boisés de sapins, se transmuaient en forteresses. Les pentes se creusaient de tranchées et se hérissaient de canons. En face de nos soldats s'étendait, ondulée de vallonnements, la plaine où, là-bas, le ruisseau de la Seille séparait les deux patries. Ils couchaient sous les arbres, et la lune éventait de tiédeur les nuits brèves. Au cours des journées torrides, ils sommeillaient encore, se déshabillaient à demi, séchaient leur linge au soleil. Des bombardements lointains, vers Pont-à-Mousson et Noményi, expiraient sourdement dans l'air léger. Suscitant de vaines fusillades, des avions allemands voguaient dans l'espace. Et puis des nuages s'amassèrent, voilèrent le ciel, crevèrent en torrents. Tapis sous leurs capotes et transis, les soldats ne bougeaient plus, immuables comme le bruissement sempiternel de la pluie. Les eaux s'épuisèrent et le soleil darda quelques rayons. Les oiseaux, à l'envi, jasèrent. Les parfums des foins et des forêts embaumèrent les vents.

Le quartier-général, se déplaçant de village en village, tantôt comme à Faux-Saint-Pierre, restait dans la vallée, tantôt, à Lay-Saint Christophe ou Eulmont, se juchait sur quelque crête. Accrochées au versant, les maisons grimpaient jusqu'au clocher par des rues étroites et en vrille. Devant les seuils, du fumier s'amoncelait, atteignait le niveau des fenêtres, obstruait presque les portes. Coqs et poules, sur les tas, picoraient la paille humide. Une odeur d'étable imprégnait l'air, les choses, les aliments. Bêtes et gens vivaient ensemble, les chambres touchant aux écuries. Mais cette pauvreté masque une race énergique et laborieuse.

Ces paysans lorrains cèlent de merveilleuses puissances de discipline et de commandement. Moins subtils que raisonnables, moins rêveurs que volontaires, capables d'initiative et peu enclins aux révoltes, ils composent une nation réaliste. De cette source les siècles ont extrait des apôtres, des chefs d'armée, des chefs d'États. Une telle élite, simplement, transfigurait les vertus de ces laboureurs acharnés à leurs lopins, de cette marmaille barbouillée et têtue.

La brume tapissait encore les vallées et frangeait d'argent les sapins, que le général déjà trottait vers ses troupes. L'allure vive secouait les cavaliers si tôt ravis à leurs songes. Le pas, ensuite, les berçait, ils s'assoupissaient doucement et manquaient de choir. Leurs paupières papillotaient en face de la boule rouge, d'où jaillissaient des fontaines de feu. Ils descendaient les côtes, escaladaient les talus, galopaient dans les champs. Profitant de la moindre halte, ils s'allongeaient sur le sol de mousse, de pierre ou de boue, passaient un bras entre les rênes et, malgré la chaleur ou l'orage, dormaient. Leur nom hélé, tout à coup, les faisait tressaillir. Ils devaient porter quelque dépêche vers le corps d'armée ou les avant-postes, par les sentes bordées de prunes juteuses, qui rafraîchissaient un peu les lèvres et les gorges. Et quand, le soir, après dix-huit heures de cheval, ils s'affalaient sur la paille des granges, ils risquaient qu'on les expédiât encore, pour une mission urgente, à travers la nuit.

Ils se guidaient difficilement dans les chemins noyés par l'ombre. Des silhouettes menaçantes se profilaient, — branches tordues ou chauves-souris. Des rumeurs suspectes bourdonnaient, — cascades ou chutes de feuilles. Alors ils croyaient voir surgir une bande de Boches. Le cœur battant plus fort, et la main sur la poignée du sabre, ils avançaient et, bientôt, se moquaient de leurs chimères.

L'ennemi ne se décidait point à paraître. Impatients d'une telle oisiveté, les officiers souhaitaient de le déloger de sa tanière. Mais nos avant-postes, se bornant à la Seille, gardaient les hameaux et les moulins qui la jalonnent. Entre deux prairies détrempées, le ruisseau constituait un obstacle qu'un saut de cheval eût franchi. Çà et là, sa boucle s'incurvait en territoire annexé : le cavalier qui longeait la rive s'enivrait de ce plaisir, — fouler le sol allemand, ou le sol français délivré. Abattus, les poteaux ne marquaient plus la frontière. Seul, un réverbère, derrière le parapet d'un pont, érigeait sa tête, — pareille au casque à pointe d'un Prussien.

Enfin se formula l'ordre désiré. Le 18 août, nos divisions s'ébranlèrent et progressèrent vers le soleil levant. Aucune résistance sérieuse ne contrariait leurs desseins. Elles ne rencontraient toujours que la campagne calme et chaude. Des uhlans, parfois, débusqués de taillis, détalaient, esquivant la fusillade ou les hussards. Presque sans coup férir, nous nous emparions de Delme et Château-Salins. Il y avait, dans les cœurs, l'exaltation de la conquête.

Dans les fermes isolées, nos patrouilles récoltaient quelques prisonniers, — oubliés par l'épouvante de leurs camarades. Ces gaillards, hauts, cramoisis et tondus, redoutaient eux-mêmes des supplices. Persuadés que la France avait déclanché le conflit, ignorant la violation de la neutralité belge et l'immixtion de l'Angleterre dans la lutte, ils s'étonnaient aux gloses des interprètes. Curieux, nos soldats examinaient les fourniments étranges, soupesaient les bottes ou les shapskas, proféraient des facéties.

— Les poux n'auront pas à bouffer sur sa tête.
— Mon vieux, ta citrouille est plus rouge qu'une tomate.
— Te voilà propriétaire et rentier.

Rassurés peu à peu, les Boches dévoraient le pain offert par leurs geôliers et ne semblaient pas affligés d'avoir échappé aux hasards des combats.

Le général logeait à Mazerulles, — syllabes charmantes qui fleurent le vin gris et la mirabelle, évoquent les filles railleuses et obstinées. Au crépuscule, des ordonnances racontèrent que le corps d'armée, le lendemain, se replierait, quitterait la région et serait transporté vers la Belgique. Leurs histoires n'obtenaient que haussements d'épaules et sarcasmes.

Pourtant, dès l'aube, nos colonnes refaisaient en sens inverse le chemin parcouru. Navrés de déserter leur tâche, les hommes, toutefois, devinaient qu'ils lâchaient seulement une scène secondaire, et pour participer à la grande fête du Nord. Nous croisions d'autres colonnes, qui venaient nous remplacer. Les soldats échangeaient leurs quolibets, et les officiers leurs saluts. Le commandant Jette, notre chef d'état-major, publiait :

— Les Allemands fichent le camp comme des lapins !

Mais des lieutenants abordent notre général, tandis que des voix méridionales et gouailleuses expliquent :

— Té ! c'est notre ancien colonel : Dumas, un lascar. Ça bardait avec lui.

Le général reconnaît quelques soldats et leur signifie, du geste : bonjour. Puis il serre quelques mains. Et puis il serre toutes les mains qui se tendent vers lui, pendant que les képis s'agitent et que les bouches l'acclament. Heureux, il accueille cette gratitude du passé.

Dans un faubourg de Nancy, nos trains se préparaient, et les troupes bénéficièrent d'une journée de repos. La population s'intriguait de notre exode, et les stratèges d'escouades lui commentaient les événements. Un jardinier, privé de sa clientèle, vendait à prix dérisoire une série de melons délicieux. Dans sa chambre, entre le crucifix et la Sainte-Vierge, le Président Carnot exhibait sa mine la plus morose ; et vis-à-vis, sous des gravures pieuses, deux Andalouses, fumant et jouant du tambourin, ne témoignaient guère de sagesse. Sur le quai de la gare, nous furent distribués les premiers bulletins des armées. Comme s'y manifestait, pour nous réjouir, la réconciliation nationale ! La lettre de Viviani, l'article de Clemenceau, les louanges que Hervé, dans une gazette locale, décernait à Déroulède, — preuves péremptoires de l'indestructible union sacrée.

III

La bataille de Belgique (21-23 août).

Entre des collines abruptes et vertes de forêts, des vallons menaient à d'autres collines qui fermaient l'horizon. Les troupes cheminaient parmi les Ardennes magnifiques et gracieuses. Propres et pimpantes, habillées de vigne-vierge, les maisons suggéraient des ambitions de vie égale, paisible et voluptueuse. Et les filles jolies, entr'ouvrant leurs fenêtres, ne craignaient pas les militaires.

Dans les wagons à bestiaux, sur les bancs néfastes aux reins, nous avions passé la nuit. Le crépuscule avait voilé lentement la Marne, qui mirait dans sa glace sans tain l'arabesque frissonnante des aulnes. Sortant des eaux, une buée grise ouatait les prairies, au delà de la rivière. Des mamelons métamorphosés par le soir érigeaient de magiques royaumes. Les villages roses se blottissaient autour de leurs églises. Et tintaient les clarines des bêtes qui rentrent à l'étable. Bientôt, les teintes du peintre soleil se fondaient dans la mélancolie pathétique de l'heure, — mélancolie pareille à celle de la patrie qui jouait son destin. Comme on apprenait à chérir le divin visage d'une terre qu'on ne reverrait peut-être plus ! Puis nous avions débarqué à Charleville, et nous marchions vers la Belgique.

A Vrignes-au-Bois, la division fit halte. Il fallait attendre la concentration de nos forces. Les dépêches officielles révélaient que des armées allemandes considérables franchissaient la Meuse, entre Liége et Namur, et progressaient vers le sud. Orientés dans la direction du nord, obliquement à la frontière, nous devions nous heurter à ces armées. Les dépêches, en outre, notaient la mort du Pape, que tuait sans doute le ricochet, non d'une balle, mais de toute la guerre.

Sur la minuit, le signal du départ fut lancé. Antennes vigilantes, les avant-gardes tâtaient l'ombre, et les colonnes, alertes et silencieuses, s'échelonnaient ensuite sur les voies parallèles. Une brume dense roulait sur le sol, offusquait l'aurore, devenait d'une blancheur laiteuse. Les yeux discernaient à peine quelques mètres d'espace qui, par miracle, se liait aux corps et poussait sans répit les nues mouvantes. Les cils pleuraient, les bouches avalaient l'humidité de l'air. Peu à peu, l'espace libre s'élargit ; des reflets jaunes dansèrent ; des arbres, des toits, des fantômes trouèrent les fumées.

Des hourras saluèrent les poteaux des douanes. Accourues des champs ou des chaumières, des femmes belges criaient : « Vive la France ! » épinglaient des médailles pieuses aux capotes, offraient des fleurs, du café, du genièvre. Les soldats, bénévoles, acceptaient tout de même la liqueur et la protection des saints.

On stoppa. Le canon, en face de nous et vers la gauche, frappait des coups longs, sourds, amortis par la distance,

— cinq lieues au moins, affirmaient les artilleurs. Le corps d'armée s'établit sur des positions provisoires, en liaison avec le corps voisin qui lui-même n'était pas engagé dans la bataille.

Avenante, la petite ville d'Alle-sur-Semoy nous accueillait. Nichée au fond d'un cirque, elle s'entourait de pentes où le brouillard, s'effilochant, démasquait toutes les teintes du vert : herbages et sapins. La rivière coulait sur des cailloux, chantait en menues cascades et longeait sensiblement, vers le nord-ouest, la frontière. Les maisons se paraient de coquetterie et nulle fenêtre ne manquait de rideaux passementés de dentelle. Même une masure où des poutres seules constituaient le toit béant, exhibait déjà, derrière ses vitres, des brise-bise. Dans les chambres, nettes et meublées la plupart de pitchpin, des images religieuses tapissaient les cloisons, sanctifiaient jusqu'aux tables de toilette. Nos soldats, causant avec les matrones, s'égayaient des « nonante », « s'il vous plaît », « savez-vous ». Elles les invitaient à des régals de lait, de pain bis et de beurre, — du beurre qui, après les semaines de cuisine à la graisse, était une aubaine de gourmandise.

Ce samedi, le bourg célébrait sa fête annuelle, et les familles s'apprêtaient pour la grand'messe. Vêtues, comme un dimanche, de robes claires à volants, coiffées de chapeaux de paille fleurie, gantées de filoselle, les filles blondes et joufflues se rangèrent dans la nef. Leurs prières imploraient que l'envahisseur ne vînt pas saccager leur asile et fût chassé. Vraiment trop laide avec ses trois autels peints et tarabiscotés, ses statues aux couleurs crues, son plafond bas qui déployait un ciel bleu pâle étoilé d'or, l'église se transfigurait d'une beauté sublime, que les filles de Belgique ourdissaient avec leurs oraisons, leur ferveur et leur émoi.

Collées aux murs de la place, des affiches publiaient les exhortations du gouverneur. Il adjurait les populations de conserver absolument leur calme et de recevoir décemment, si l'éventualité le nécessitait, même les ennemis, afin de ne fournir nul prétexte aux représailles. Témoignage d'une neutralité confiante, un document, antérieur à l'invasion, recommandait aux Belges de ne déceler aucun sentiment à l'encontre ou en faveur d'une nation belligérante. Les habitants commentaient ces conseils. Menacés dans leurs foyers, ces braves gens ne supposaient pas qu'ils eussent pu, au prix de leur honneur, céder le passage à l'Allemagne qui leur garantissait la sécurité. Ils ne regrettaient que cette crédulité ancienne qui les avait empêchés de prévoir le crime et d'organiser la défense. Maintenant, disaient-ils, Liége s'était rendue, la cavalerie prussienne occupait Bruxelles, et les Allemands, s'escortant d'épouvante, incendiaient les villages, violaient les femmes, tuaient les prêtres et les bambins. Évadé du Brabant, un ouvrier racontait cet attentat, perpétré sous ses yeux :

— Des uhlans, qui survenaient dans un hameau, ont réclamé à boire. Une petite de cinq ans leur a porté de la bière. L'innocente, elle ne distinguait pas les divers uniformes. Alors elle a crié : Vive la France. Un de ces bandits a ajusté sa carabine...

Et la balle avait brisé la tête de l'fant. ua

Exaspérés, ces Flamands perpétuaient bien une race qui a tant de fois prouvé, contre nos rois, l'Espagne, l'Autriche ou la Hollande, que son indépendance lui importe plus que tout. Flegmatiques néanmoins, sans cris et sans gestes, ils énonçaient leur volonté tenace et leurs serments de haine. Certes, ils ne maniganceraient pas d'embuscades, et ne fusilleraient point de leurs fenêtres les barbares. Mais les petits-fils de leurs petits-fils attiseraient encore leur rancune à l'odieux souvenir de la trahison.

Nous protestions. Les barbares ne pénétreraient point jusqu'ici. Ne dressions-nous pas, devant eux, les barrières de nos bataillons ? Et ces ravages, qui nous comblaient d'horreur, il nous appartenait d'en tirer vengeance, — ou plutôt justice. Un échevin ne s'unissait point à notre enthousiasme, et sa moue se méfiait de l'avenir. Officier émérite, et qui avait exploré le Congo, il étudiait dès longtemps le problème de la guerre. Selon lui, nous arrivions trop tard et trop faibles :

— Un million et demi d'Allemands s'avancent à étapes régulières, et leur masse écrasera vos obstacles. Autant jeter des pierres sous un rouleau !

Mais, rebutant ce prophète de malheur, nous n'inventions que motifs d'espérer.

Un nouveau bond, au cours de l'après-midi, nous porta deux lieues et demie plus au nord. Au long des collines, les chemins viraient en spirales, montaient et descendaient tour à tour. Maints sommets se couronnaient de hameaux et de clochers. Dans les vallées, étroites comme des gorges, des ruisseaux prestes s'amusaient. La canonnade redoublée s'approchait, au point qu'elle semblait choquer le versant voisin. L'Ardenne belge se prolonge par une campagne accidentée, qui s'aplanit vers le septentrion. A l'issue des défilés, et dominant le terrain, nos avant-postes se prémunirent contre toute surprise nocturne. Un peu en arrière, le général, ses convois et un groupe d'artillerie se perchaient

à Nafraiture. Anxieuses, les paysannes interrogaient :
— Les Prussiens ne viendront pas ici, savez-vous ?

Il y avait, pour le lendemain, un ordre d'offensive. A quatre heures du matin, le dimanche 23 août, nos troupes quittèrent leurs campements. Avec précaution, elles se risquèrent dans le brouillard du plateau. Le bourg de Geddine vers où convergeaient plusieurs voies, marquait notre premier objectif. Deux divisions de cavalerie couvraient encore notre front, et vraisemblablement nous permettraient d'atteindre Geddine sans encombre. Sur la gauche, le canon tapait. Les fantassins dépassaient les fourgons des cuirassiers et des hussards, rattrapaient les escadrons arrêtés. Tout à coup la fusillade crépita.

Quelques minutes de stupeur, d'incertitude, d'agitation. Des pelotons de cavaliers, les lances aux poings, se rabattent sur nous. Quelques hommes ont perdu leurs armes, d'autres sont blessés. Des commandements contradictoires serpentent dans les colonnes. Parmi le tohu-bohu des coups de fouet, des cris, des essieux grinçant, les voitures à vivres et les camions font demi-tour et s'éloignent au grand trot.

La situation se précise. Assaillie dans Geddine par l'infanterie allemande, notre cavalerie se replie. Il s'agit de vérifier la force adverse. Immense éventail, la division se déploie.

En lignes de tirailleurs, par sections successives, les fantassins courent, traversent les champs, gagnent les mamelons boisés. Ils se tapissent sous les arbres, épaulent et commencent le feu contre les taillis opposés. Les artilleurs, en hâte, installent leurs batteries derrière nos secondes crêtes. Des détonations graves, lourdes, épaisses, annoncent les canons ennemis. Comme des étoiles filantes, des sifflements déchirent l'air et gonflent sur nous maintes boules de fumée grise, lesquelles éclatent, jettent de brèves lueurs, traînent encore dans le vent.

Une averse, fine et drue, tombait. Le front de la division, à l'ouest et à l'est, débordait les deux villages de Bièvre et Louette-Saint-Pierre. Le général envoyait ses estafettes aux colonels, répartissait les bataillons, demandait des renseignements sur le combat. Une compagnie désigna un bosquet, d'où fusaient les obus. Nos pièces se pointèrent sur ce but. Leurs coups secs claquèrent. Les officiers, à la lorgnette, épiaient les résultats du tir et vantaient son efficace. Les fumées blanches se posaient sur le bosquet visé, qui bientôt brûla.

Le tapage, ensemble aigu et rauque, mêle tous les bruits, siffle, crépite, tonne, s'apaise un peu pour s'irriter davantage. Des projectiles s'enfoncent dans le sol, et leur fracas suscite des nuages de poussière noire : ainsi se manifestent les « marmites » allemandes qui d'abord intriguent nos troupiers. Assourdis, étourdis, ils ne s'effarent pourtant pas de la mitraille, lui ripostent par des plaisanteries, se moquent desshrapnells qui, la plupart inoffensifs, éclatent trop haut. Sur les ailes, les escadrons divisionnaires galopent de couverts en couverts, veillent sur les flancs de la division, désirent une occasion propice à la charge. Des fermes, des chaumières sont éparses dans la zone de feu. Les hommes empilent des meubles dans des chariots. Les femmes, berçant leurs nourrissons, tâchent de réconforter les enfants qui se lamentent. Et les familles, aussitôt prêtes à la fuite, se sauvent. Seule, ne se souciant point du tumulte et du péril, une bonne femme, des bésicles sur le nez et le chef abrité d'un vaste parapluie rouge, se promène dans son potager.

Le soleil tarit la pluie. Les Allemands attaquaient fortement, non par leurs soldats qui ne se montraient point, mais par une grêle d'obus. A gauche, la lutte restait indécise. Mais notre aile droite dépêchait de mauvaises nouvelles. Accablé depuis quatre heures et décimé, un régiment lâchait du terrain, et l'ennemi, bloquant sur notre partie faible ses efforts, cherchait à nous encercler. De seconde en seconde le danger croissait. Dans le même instant, parvenait de l'armée l'ordre de retraite.

Les blessés, déjà, s'égrenaient sur les chemins, vers la frontière. Touchés peu grièvement aux bras ou aux jambes, presque tous conservaient intacte leur gaieté. Ils s'entr'aidaient, s'attachaient les uns aux autres les pansements, s'adressaient de dérisoires compliments de condoléance :

— Fricoteur, qui vas te faire dorloter.

— Par cette chaleur, au moins, tu peux boire ton sang.

— Et ce veinard, qui n'aura plus besoin que d'un gant pour son mariage.

Recueillis par des véhicules, et magnanimes, des garçons de qui saignait le col ou l'épaule, cédaient leurs places à des copains qui souffraient du pied ou du genou. A une lieue en arrière, le calme persistait et les habitants vaquaient à leurs besognes coutumières, que rythmait la cadence du canon. Plus loin, encaissée entre les sapins, la Semoy, comme un prisme, dispersait les couleurs de l'astre déclinant. Le commandant du corps d'armée prescrivait un rapide départ des convois qui useraient des deux ponts et retourneraient jusqu'à Gesponsart, en territoire français. La rumeur de notre échec se propagea dans la population affolée.

Cependant la bataille continuait. Nos troupes reculaient pas à pas, pour laisser à nos trains régimentaires le temps du voyage. Elles demeuraient bien liées et solides. Les Allemands, d'ailleurs, n'attestaient nulle énergie, ne nous poussaient pas, ne nous poursuivaient toujours que de leur mitraille. Ces vainqueurs s'emparaient des villages que nous leur abandonnions, Houdremont, Nafraiture, Bièvre, Bellefontaine, — et qu'aussitôt des incendies transmuaient en brasiers.

Sous les bois, le crépuscule amassait l'ombre, qui s'épandait dans l'espace et noyait la canonnade. Les Boches voulurent, contre nos formations défensives, essayer de la baïonnette. Mais leur tentative dûment avortée, ils se tinrent cois. Harassés, nos soldats, les armes près des mains, s'endormaient sur le sol. Ils rêvent, et soudain le vacarme des obus les fait tressaillir. Ah ! certes, la journée ne finit point au gré de leurs présages.

N'imaginaient-ils pas, la veille, des fanfares furieuses, des ivresses sanglantes, des Boches qui s'éparpillent et détalent. Vision prestigieuse et puérile ! La guerre, au vrai, c'est l'immobilité sous l'orage de feu, le tir sur un ennemi qui se dissimule, les marches et les contre-marches à quoi l'on ne comprend rien. Et puis la guerre, c'est la retraite, tout à coup, pourquoi ? Il y a encore des bataillons puissants, des projectiles, des cavaliers. Pourquoi recule-t-on sans éprouver la résistance que cachent les rafales, et que les baïonnettes, peut-être, crèveraient comme une baudruche ? Devant cette guerre dépouillée de ses oripeaux, terne et sale, nos soldats frémissaient de déception et de colère. Mais bientôt, narquois encore, ils raillaient : la guerre, ça consistait à ne pas se battre.

IV

La Retraite *(24 août-5 septembre).*

L'armée, donc, tournait le dos à l'ennemi. Chaque troupier pensait :

— Bah ? ce n'est pas pour longtemps ! Une simple anicroche...

Et d'ailleurs, des nouvelles heureuses circulaient : la grande victoire serbe à Chabatz, et surtout l'irrésistible avance des Russes en Prusse orientale. Mythe bienfaisant ! Qui d'entre nous n'accompagnait, sur la route de Berlin, les escadrons cosaques ? Dans son palais de la Sprée, déjà tremblait la famille impériale. Au prix de tels succès, notre échec, évidemment, n'importait pas.

Les régiments se dirigeaient vers le sud-ouest, et l'itinéraire rencontrerait la Meuse à Mézières-Charleville. Les Boches, décidément, ne se risquaient pas et préféraient la méthode prudente. Nous avions passé la Semoy sans encombre et la canonnade même s'était calmée. La nécessité nous peinait de défiler devant les populations inquiètes et qui interrogeaient :

— Êtes-vous vaincus ?

Indignés, les soldats protestaient, et puis, malgré eux, baissaient les têtes, haussaient les épaules. A mesure qu'ils marchaient, pourtant, s'assurait leur persuasion de confiance. Des bataillons de Turcos nous attendaient sur le chemin. Ces gaillards, dont le rire exhibait les dents d'ivoire, caressaient leurs baïonnettes et se réjouissaient d'embrocher les Prussiens.

— Li, bientôt, tout rouge, sang boche, cochon.

Un tel renfort changerait les événements.

Je ne me remémore point sans émoi ce couple de vieillards qui me furent hospitaliers. A Aiglemont, entre la frontière et Charleville, la division avait fait halte. Ces vieilles gens, près de qui se reposait mon cheval, me prièrent à déjeuner. Un couple charmant et suranné : lui, ancien maréchal ferrant, le visage rasé, le dos qui courbe la blouse bleue ; elle, ratatinée, toute blanche, et qui n'a plus une dent ; à eux deux, cent cinquante ans pour le moins. En faveur d'un militaire, ils dépensaient leurs richesses : un poulet cuit à merveille, et du sauterne savoureux. Et j'admirai leur sagesse, que dénotaient leurs propos. Contemplant, de loin, la frénésie d'un monde que dupent l'ambition et l'avarice, ils ne se laissaient point séduire.

Haines de classes, appétits de jouissances, autant de folies qu'ils méprisaient. Contents de leur sort, ils gardaient précieusement l'héritage, disaient-ils, « de la bonne éducation que leurs parents leur avaient donnée ». Qu'on reconnaisse ici la vertu civilisatrice de l'Église : ces vieux étaient des sages parce qu'ils priaient, selon le rite éternel, le Christ, la Vierge et les saints. J'ai ce remords : de ne les avoir point avertis que les Prussiens arrivaient. Mais le savais-je ? Je n'avouai pas le recul, je balbutiai qu'une bataille était imminente. Et puis, l'après-midi même, je partis. Mes vieux amis, sous la tyrannie des barbares, qu'êtes-vous devenus ?

La Meuse constituait une ligne possible de défense contre l'invasion. Et d'abord, il semblait que nos chefs eussent résolu de ne point livrer à l'ennemi le fleuve. Le 25 août, le génie détruisait les ponts de Mézières. Sur la rive gauche, nous occupions les hauteurs qui encadrent la ville. En face de nous, l'ennemi ne se montrait toujours pas. Mais, sur la gauche, un bombardement s'exaspérait. Et, le 26, des bandes quelque peu effarées racontaient que les Allemands avaient franchi la Meuse à Fumay, après un rapide et terrible combat ; nos formations de réserve ne tenaient pas contre l'avalanche de l'artillerie lourde. Ensuite, en quelques heures, les Allemands s'emparaient de Rocroy, gagnaient promptement vers le sud, et mettaient les villages en flammes.

Des voitures, des chariots, des brouettes, des piétons qui n'emportaient pour toute fortune que leurs baluchons, composaient des files interminables sur les chemins. Dans les maisons, des émigrants, les larmes aux yeux, précipitaient leurs derniers préparatifs : partiraient-ils à temps ? Mais les bambins, tapant des mains et chantant, s'égayaient de ce voyage qui leur dévoilerait de nouveaux horizons. Pendant des lieues, des femmes tiraient leur marmaille, mendiaient leur pain, couchaient dans les étables, et s'enfuyaient toujours au vacarme du canon.

Des volailles peuplaient encore les basses-cours des fermes désertées. Inutile, certes, de ravitailler les Boches avec ces poules et ces canards de France. Sous les regards bénévoles des paysans, nos troupiers se saisissaient de ces proies, qu'ils plumaient et jetaient dans les marmites des escouades. Des officiers essayaient d'expulser vers le sud les bœufs et les chevaux. Mais ces bêtes refusaient de longer les routes, sautaient les fossés, retournaient obstinément à leurs pâtures.

Notre général voulait prendre l'offensive. Seul avec un officier d'ordonnance, il errait le soir, à cheval, jusqu'au delà des avant-postes, afin de prouver l'inanité de toute crainte. Les ordres péremptoires de l'armée contrariaient ce dessein. On se bornait à dresser devant l'ennemi qui descendait de Rocroy la barrière d'une vive canonnade. Vers Charleville, de petits postes épiaient le fleuve, où les Allemands, sans doute, construiraient un pont de bateaux. Le 28 août seulement, un bombardement intense résonna sur notre droite. Il frappait les collines, s'éloignait et s'approchait tour à tour. Anxieux, nous tâchions de deviner, dans les échos, la victoire ou la défaite. Une estafette nous informa que des masses forçaient à Donchery le passage de la Meuse. Immobiles, nous souhaitions vainement, selon l'antique précepte, de courir au canon. A la minuit, nos régiments s'ébranlaient : c'était pour continuer la retraite.

On ne dormait plus. La nuit, les fantassins accomplissaient des étapes et, le jour, faisaient face à l'ennemi. Derniers, les escadrons divisionnaires lâchaient les villages et les bois. Ils expédiaient des patrouilles jusqu'au contact des Allemands. Des uhlans apparaissaient et détalaient au premier coup de feu. Les chevaux, fourbus, à peine nourris, se flanquaient, tout sellés, sur les foins ou sur la mousse. Les hommes, la tête alourdie, ne percevaient qu'à demi les réalités, vivaient comme en songe, et le monde déroulait autour d'eux un perpétuel bourdonnement. Leurs jambes traînaient le poids de la route, s'affaissaient, se rivaient au sol comme le fer se rive à l'aimant.

Les colonnes, l'artillerie, les convois encombraient les chemins. Des compagnies, devant céder la voie à des fourgons, piétinaient aux carrefours. Il fallait combiner des trajets multiples, emprunter les sentiers, tresser des réseaux convergents. A l'aube, on marchait encore, et les Allemands, avec leurs obus, saluaient le soleil. On se hâtait davantage, et les tirailleurs noirs, néanmoins, trouvaient le temps de ravir les oies et les dindes. Les officiers d'infanterie s'étonnaient. Comment, au lieu de ces projectiles inefficaces, les Boches ne lançaient-ils point à nos trousses une brigade de cavalerie ?

L'été torride ne consentait pas à s'éteindre. L'astre brûlait la poussière, cinglante comme des pointes de feu. On buvait l'eau des fontaines, le cidre des paysans, le vin des caves. Humides quelques secondes, les gorges se séchaient et s'altéraient de nouveau. Les raisins acides et les pommes sûres éludaient la soif.

Qui ne se résignait point, il y avait le commandant Jette, notre chef d'état-major. Il souffrait de reculer. Il en était malade. Ses traits se creusaient, et son humeur subissait les conséquences de nos tribulations. Devant le peuple, il se navrait d'une honte illusoire :

— Quel prestige, disait-il, nous, les militaires, conservons-nous ?

Volontiers, il exécutait lui-même les missions périlleuses, s'aventurait à l'extrême arrière-garde, se moquait de la mitraille. Et certes, il ne perdait pas sa foi dans le triomphe final. Mais il s'énervait de ce délai imposé à son angoisse.

Le paysage se modifiait. A la campagne vallonnée succédait une plaine assez étendue que limitaient les coteaux de l'Aisne. Dans cette région, nos chefs comptaient briser la horde. Les artilleurs vantaient le terrain, découvert et propice à leur tir foudroyant.

A Givry, sur le bord de la rivière, nos soldats, profitant d'un bref répit, délassèrent leurs âmes et leurs corps. Ils se baignaient, lavaient leur linge, accrochaient leurs chemises aux buissons, se couchaient presque nus sur l'herbe fraîche. Le crépuscule versait dans l'air une douceur qui s'alliait au souffle parfumé des eaux.

Le dimanche 30 août, sur les six heures du matin, les Allemands progressaient vers Rethel. Postées, en avant de l'Aisne, sur les mamelons d'Auboncourt, Faux et Lucquy, notre infanterie et notre artillerie engagèrent le combat.

Nos canons, joyeux, prodiguaient leurs salves. Les fantassins se blottissaient contre les crêtes, avant l'instant de l'assaut. Admirant, au loin, les fumées de nos obus, qui sans doute, endommageaient quelque peu les Boches, nous augurions bien de la journée.

Il semblait que notre attaque eût surpris les colonnes allemandes. Pendant des heures, elles demeurèrent sans riposter. Notre optimisme s'affirmait. Nos fantassins dépassaient les crêtes, se profilaient sur le ciel et s'effaçaient. Le soleil illuminait l'azur et jaunissait la terre. Au-dessus des armées allemandes, un ballon captif érigea son point rond, ne bougea plus.

Nos artilleurs s'évertuèrent contre cette cible. Mais leurs projectiles ne parvenaient point jusqu'à elle. Le ballon intact narguait les fumées qui tachaient le bleu infini.

Et soudain les obusiers adverses se joignaient à la fête. Avec une précision miraculeuse, leurs obus tombaient sur nos rangs. Évidemment, du ballon captif, des observateurs indiquaient la distance.

Contre ce maudit aérostat, notre colère s'excitait. Et la même pensée troublait tous les esprits. Où étaient nos avions ? Et nul d'entre eux ne glisserait-il dans le firmament, pour crever cette damnée baudruche ?

Épars, des fantassins remontaient sur les crêtes, d'où ils dégringolaient. Le général envoya des officiers les rameuter. Lui-même, en guise d'exemple, s'avança sous le feu, jusqu'à une butte où étaient deux batteries.

 La fusillade ne cessait plus. Vers la gauche, des cavaliers, en files d'escouades par un, galopèrent. Le capitaine des escadrons divisionnaires, constatant que des mitrailleuses allemandes criblaient le flanc de nos troupes, a commandé la charge, qui vise elle-même le flanc ennemi. Emoi suprême, de bondir, chasser le sol, s'unir au vent ! Les hussards, sabres tendus, volent. Les mitrailleuses se pointent contre eux, — trop tard. Déjà un escadron a franchi la zone du danger. Mais, abrupt, un talus casse l'élan. Les chevaux tentent en vain de grimper la côte. Quelques secondes d'hésitation gaspillent le bénéfice de la promptitude. Avertis, les obusiers accablent ce coin de la bataille. Les cavaliers, éperons dans les ventres des bêtes, se sauvent. Plus de la moitié d'entre eux, et les deux capitaines, ne reviennent pas.

Une telle hécatombe n'était pas inutile. L'infanterie, grâce à cette diversion, avait dégagé son aile qui ne serait plus débordée.

Des obusiers, maintenant, concentraient leurs projectiles sur notre artillerie, que sa portée insuffisante empêchait d'efficacement répondre. Le ballon repérait exactement chacune de nos batteries. Sur la butte du général les obus commençaient de claquer. Shrapnells et marmites mêlaient balles, morceaux de fonte, poudre empestée. Dans la plaine, également grêlée, un capitaine se promenait, au pas de son cheval. Aussi tranquille qu'au bois de Boulogne, il s'arrêta pour allumer sa pipe.

Par chance, autour du général, personne n'était atteint. Les chevaux, tenus par les rênes, s'ébrouaient, hennissaient. Plusieurs s'échappèrent et, comme fous, en

tous sens coururent par la prairie, s'éloignèrent, disparurent. Un capitaine d'état-major conseillait à son voisin :
— Tapissez-vous davantage contre la terre.

Tout à coup, il poussa un petit cri : la tempe percée, il était mort.

Pauvre capitaine Hennequin ! Le dimanche précédent, il suivait la Semoy et projetait de guider sa femme dans cette contrée, comme en pèlerinage, après la guerre. On hissa sur un cheval son corps lourd et sanglant qui, finalement, fut abandonné sur le terrain.

Notre artillerie se taisait. Les Allemands dominaient la situation, inténable pour nous. Nos troupes se replièrent.

Elles traversèrent sans difficulté les ponts de l'Aisne. Une fois de plus, l'ennemi ne poussait pas nos arrière-gardes et seulement développait son bombardement. Nos colonnes descendirent vers le sud-ouest.

Désillusion renouvelée ! L'armée prussienne se révélait machine formidable, outillée minutieusement et qui n'accordait nulle éventualité au hasard. Elle roulait méthodiquement sa masse de fer, pour écraser ou démolir les obstacles. Mais elle était inapte aux manœuvres de souplesse et d'initiative. Il s'agissait de ne point s'attraper à l'engrenage de la machine, se dérober devant elle, et jeter soudain jusqu'au ressort la pierre qui le détraquerait.

Les soldats comprenaient bien que leurs chefs les réservaient pour l'occasion décisive. En somme, nos régiments n'avaient éprouvé que peu de préjudice, et l'ennemi ne s'emparait ni d'artillerie, ni de munitions, ni de prisonniers. Pendant ce temps-là, sans doute, les Russes pénétraient au cœur de l'Allemagne. Nous devions nous pourvoir de patience.

Encore, dans la nuit, on marchait. Des retardataires, des isolés se joignaient aux premières unités rencontrées. Les villages s'animaient de curiosité, d'inquiétude, de fuyards. Résignés, les soldats obéissaient au destin.

A l'aube, le commandant du corps d'armée aperçut dans un champ les deux escadrons divisionnaires, ou plutôt leurs débris. Il vint à eux et les félicita :

— Cavaliers réservistes, vous vous êtes conduits en héros. Votre sacrifice a rendu un grand service à la division. Je vous en remercie. Vous honorez la cavalerie française.

Deux jours plus tard, nos troupes défendaient la ligne de la Retourne, affluent de l'Aisne. Dans la vallée, le bourg de Juniville était bâti sur la rivière. Le versant gauche montait en pente douce et coupée de bois, où notre artillerie se cachait. Le combat ne fit que répéter sensiblement celui du dimanche. Toutefois, il ne dura que de quatre à sept heures du soir, et un avion boche joua le rôle de ballon captif. Comme l'avant-veille, nos batteries furent repérées et accablées. Et toujours on repartait vers le sud-ouest.

La pleine lune éclairait la marche rapide des soldats. La tête basse, à présent, ils ne se navraient plus de l'échec : ne connaissaient-ils pas d'avance la scène et le dénouement? Leur première crainte des uhlans ne les tourmentait plus. Ils savaient que la cavalerie allemande n'aime guère les dangers.

On évacuait sans lutte les fortifications de Reims, et le génie faisait sauter les forts. Notre général, pour sa bravoure au combat d'Auboncourt et Juniville, était promu au commandement d'un corps d'armée. Le général Moussy, qui commandait l'une des brigades, prit la division par intérim. Tous ses hommes l'adoraient pour son entrain, son courage et sa gentillesse.

Toujours des étapes longues, des émigrants, de la poussière et du soleil. Les coteaux et les champs s'habillaient de vignes dorées. Ces pampres, après le mystère de la cuve et du pressoir, métamorphoseraient en vin la lumière des saisons, l'odeur du sol et des vents.

Un matin, un avion boche volait sur nos colonnes. Des tireurs s'exercèrent contre lui. Tout à coup il tangua, chut en spirale, piqua vers la terre. De nos troupes, une clameur et des bravos naquirent. Des hussards galopèrent jusqu'à l'appareil, dans un champ. Un homme, un officier, se délivrait des ailes, levait et ouvrait les mains. Un autre, sous l'armature, montrait des jambes ensanglantées et ne remuait plus. L'officier vivant fut mené au général : un grand jeune homme, mince et blond, visiblement Prussien. Un peu rouge, il semblait surtout vexé. Il sollicita la faveur d'assister à l'enterrement de son camarade, et récita sur la fosse, creusée par une escouade de fantassins, les prières de son culte. Autour de l'avion, les hussards étaient contraints de refouler la population accourue d'un hameau voisin. L'un d'eux, rusé, s'appropria la capote du mort et vendit comme fétiches les lambeaux. Cet incident nous vengeait. Nous l'accueillîmes ainsi que le prélude de la victoire. N'avions-nous point abattu le symbole de la puissance allemande ?

Et pourtant, toujours, on reculait. Les rumeurs nous apprenaient la reddition de Reims et Compiègne. Jusqu'à la Marne, la route de Paris était libre à l'invasion.

Une patrouille saisit un sous-officier prussien blessé. Reflétant l'orgueil et l'insolence de sa race, il ne doutait plus du triomphe allemand. Il nous traitait avec une nuance de mépris, nous, pauvres Français que la force germanique n'avait point épouvantés, capables seulement de fuir et indignes du nom de soldats. Complaisant et fier, il exhibait ses récompenses acquises par quinze ans de service, ses médailles, sa grenade de bon tireur. Et comme nous alléguions les Russes, il nous tendit la *Gazette de Francfort:* elle annonçait la victoire de Hindenburg à Osterode, et la capture de 70,000 prisonniers !

Et toujours on reculait. Mais, en dépit de tout, notre confiance ne diminuait pas. Tel ou tel civil, parfois, énonçait timidement sa peur. Ah ! comme nos gaillards le rabrouaient décemment ! Eux, par une intuition merveilleuse, devinaient, sous une forme grossière, la vérité. Qui leur parlait de défaite, ils le jugeaient un imbécile. Car Joffre, c'était un malin. Avec les combats et la retraite, il manigançait un énorme piège. Et ces abrutis de Boches tombaient dans le panneau !

V

La bataille de la Marne (6-9 septembre).

Or, tout à coup, une fanfare sonna, — une fanfare ensemble pathétique et joyeuse de ralliement et de bataille : les parole du généralissime à ses armées. Lui qui avait ordonné cette retraite, il défendait aux troupes de reculer davantage : plutôt elles se feraient tuer.

C'était le samedi 5 septembre, après un pénible parcours. La rumeur courait, et les colonels recevaient l'ordre qu'ils lisaient aux régiments. Des automobiles amenaient le général Foch et le commandant du corps d'armée, qui se concertaient avec leurs divisionnaires. Et déjà nous revenions sur nos pas. Une occasion favorable s'offrait pour l'attaque et hâtait le combat. Nous rentrions à Fère-Champenoise.

En face de nous, vers la gauche, les marais de Saint-Gond étendaient, entre l'ennemi et nous, une masse vaseuse, traversée de quelques sentiers impraticables aux colonnes et aux canons. Des chemins, sur la droite, tournaient les marais, par les villages d'Aulnizeux, Pierre-Morains, Morains-le-Petit. Dans l'offensive générale, notre mission particulière était de résister à tout prix sur cette ligne, notre aile s'appuyant aux marais. Remplissant un rôle analogue et symétrique, la division marocaine, à nos côtés, empêchait les Allemands de déborder la gauche des marécages. De la vallée boueuse, la pente montait doucement vers le sud, jusqu'à la lisière de bois où le vallonnement s'accentuait, au point d'ériger des collines assez rudes, telle que le mont Août. En arrière, la route de Fère-Champenoise à Sézanne, par Connautre, Linthes, Saint-Loup, servait de base à nos positions.

Les souvenirs de 1815 illustraient cette région. Près d'ici, Napoléon, à Champaubert et Montmirail, avait vaincu l'envahisseur, rejeté dans les marais. Les plus savants des soldats contaient aux escouades cette histoire. Et les promptes imaginations ressuscitaient les exploits des « Marie-Louise ».

Durant la nuit du samedi au dimanche, des escarmouches préludèrent. Un escadron de uhlans, pour une fois trop aventureux, fut à l'improviste, en avant d'Aulnizeux, entouré par une compagnie française, et presque détruit. Esquivés, grâce à l'ombre, des petits groupes battaient la campagne. Et les estafettes, qui portaient sans répit les dépêches, se méfiaient d'une surprise possible. Mais les uhlans ne songeaient qu'à se cacher.

A l'aube, notre artillerie, comme de coutume, déclancha la lutte. Elle prodiguait ses salves contre les forces ennemies qui assaillaient Aulnizeux et Pierre-Morains. Les obusiers allemands, bientôt ripostèrent, et tentèrent d'écraser nos batteries. Mais n'avaient-ils pas cette fois des aviateurs pour les renseigner ? Leurs projectiles ne tombaient plus avec la même précision terrible, et nos canons ne s'arrêtaient pas.

Les fantassins, espacés en tirailleurs, bondissaient dans la campagne, rampaient, s'unissaient à la terre, se protégeaient de leurs sacs contre la mitraille. Pour une crête, un boqueteau, une chaumière, les combats s'acharnaient. Les Allemands s'épuisaient en vain contre Aulnizeux et Pierre-Morains, d'où nos baïonnettes les chassaient.

Le soleil épandit une accalmie que déchirait à peine la canonnade. Abrités sous les taillis, des soldats cédaient à la torpeur et s'endormaient. Nous sentions que cette bataille ne ressemblait pas à celles que nous avions déjà perdues. Pour la première fois, nous ne reculions pas. Pour la première fois, les Boches ne marchaient pas à leur guise derrière leur bombardement.

Notre chef d'état-major, exactement, revivait. Transfiguré, il quittait le général, galopait jusqu'aux avant-postes, prenait un fusil, entraînait lui-même des sections à l'assaut.

Le soir ranima la lutte, toujours incertaine. Pour la nuit, le général s'établit dans une ferme, parmi les bois : une vaste bâtisse de granges, d'étables, de bergeries.

Seul, un métayer y gardait encore les récoltes et les troupeaux. Cependant, l'ombre n'apaisait pas les combats. Trois fois, au cours de la nuit, Aulnizeux changea de maîtres, et les troupes, au matin, continuaient de se le disputer.

Le lundi 7 septembre, des nouvelles nous exaltaient : notre armée d'extrême gauche et l'armée anglaise, dès la veille, avaient refoulé la 1re armée allemande au delà des affluents de la Seine. En outre, un radiotélégramme, saisi par nos appareils, dénonçait que l'ennemi manquait de munitions. En effet, les obusiers économisaient leur tir. Notre front et celui de la division marocaine ne variaient guère. Des voitures légères se risquaient dans les prairies et ravitaillaient les régiments. L'après-midi, les Allemands s'emparèrent d'Aulnizeux. Le commandant Jette s'en alla pour le reconquérir.

Il ne revint pas. Chargeant à la tête d'un bataillon, il fut percé de deux balles, et son cadavre demeura dans les rangs des Boches qui nous repoussaient. Mourant trop tôt, il n'eut pas le bonheur de connaître que la France était sauvée.

Possesseurs de Morains-le-Petit, et donc ayant atteint le niveau des marais, les Allemands engagèrent le lendemain une violente offensive. Le bombardement, de nouveau intense, accablait notre infanterie. Elle lâcha du terrain. Nos canons, abandonnant les premières crêtes, reculaient jusqu'au mont Août. Par prudence, le général éloignait vers le sud les trains régimentaires. De gros nuages noirs obscurcirent le ciel, éclatèrent, et la foudre s'illumina. Sous le déluge, nos soldats entreprirent une contre-attaque et regagnèrent en partie le terrain déserté.

Circonstance singulière, les populations qui touchaient

à la bataille ne témoignaient aucune inquiétude. Sur la route de Sézanne, et au sud, dans les villages de Linthes, Saint-Loup, Saint-Remy, Gaye, persévérait la vie ordinaire. Les habitants ne prêtaient pas plus d'attention au canon qu'à l'orage et ne soupçonnaient pas que l'invasion pût les menacer.

Pourtant, le mercredi, l'offensive allemande s'évertuait, plus virulente encore. Elle lançait contre nos positions la garde impériale prussienne, élite de l'armée. Harassés, nos fantassins se faisaient tuer à leur poste, mais leurs fusils ne s'ajustaient plus. La garde prussienne, lentement, avançait. Un bataillon assaillit une de nos batteries que l'infanterie ne préservait plus. A huit cents mètres, nos canons commencèrent le feu. L'ennemi ne parvint pas jusqu'à eux, et ses cadavres jonchèrent les champs.

Mais, après ce bataillon massacré, arrivaient d'autres bataillons. Il fallut se replier. Sur notre droite, l'avance allemande s'accélérait, dépassait Fère-Champenoise. Bombardée, la ferme où nous avions couché se transmuait en décombres. Pas à pas, et face à l'adversaire, nous reculions au delà de la route de Sézanne, jusqu'à Linthelles et Saint-Remy.

Ah ! notre angoisse ! Était-ce possible que nous fussions vaincus ? Nous refusions de croire à notre défaite, chimère de terreur. Sous les obus, nous attendions le miracle du salut. Après ces journées de chaleur et de pluie, le crépuscule rose et transparent s'embaumait. Et, se consumant, les splendeurs de l'été nous éclairaient la grâce juste et la volupté de ce soir de septembre.

Nous attendions le miracle du salut. Et voici que la canonnade allemande cesse. On s'étonne. Un capitaine du corps d'armée accourt, au galop de son cheval éperdu. Et il s'écrie :

— Ils fichent le camp ! Ils fichent le camp !

Oh ! les mots que nous comprenons bien ! Les mots de prestige et de tentation, à quoi nous redoutons de nous fier. Miracle attendu, et que nous n'osons accepter.

— Ils fichent le camp ! Il n'y a plus de zouaves, mais ça ne fait rien.

Le capitaine saute de cheval. Il serre toutes les mains qui se tendent, il embrasse les officiers et les soldats. Sa joie est telle qu'il pleure, — puisque pour les grands bonheurs comme pour les grands chagrins nous n'avons que des larmes. Et toujours il crie, refrain sublime d'allégresse et de victoire :

— Ils fichent le camp ! Ils fichent le camp !

Le miracle s'explique. La division marocaine, à notre gauche, a brisé l'élan prussien. Il n'y a plus de zouaves. Mais aussi n'y a-t-il plus de garde impériale. Elle est restée dans les ruines du château de Mondement, et ses quelques survivants se sont embourbés dans les marécages. En face de nous, les Prussiens, presque enveloppés, s'enfuient.

Tout de suite nos troupes repartent, vers le nord à présent. Comme l'ombre délicieuse se peuplait de visions ! Nos rêveries y suscitaient le cortège de nos héros.

Et les artilleurs pointaient leurs pièces. Le chef de batterie prescrivait les distances.

— Cinq mille six cents mètres ! Cinq mille sept cents ! Cinq mille huit cents !

Les courtes flammes et les claquements annonçaient les projectiles. Et nos canons poursuivaient ainsi les hordes barbares qui détalaient dans la nuit.

VI

La poursuite (10-13 septembre).

Blanchissant à peine la campagne, l'aube ne se décidait point. Il semblait qu'elle s'étonnât de ce silence. De la ferme, notre ancien quartier général, ne subsistaient que des murailles découpées, étrangement noircies, et qui composaient une fantasque architecture. Autour d'une meule intacte gisaient des blessés allemands : des garçons très jeunes, imberbes, de la garde impériale active, — l'orgueil des Hohenzollern. Les uns gémissaient ; d'autres, opprimés par la souffrance, ne bougeaient plus ; d'autres, peu grièvement atteints, souriaient, libérés de cette mort qu'ils avaient vue sur eux. Effarés encore, des moutons couraient dans les prairies, flairaient les cadavres disséminés, bêlaient vers les bergeries détruites. Dans les cendres de maints foyers éteints, des pommes de terre à moitié cuites étaient les reliefs d'un repas interrompu.

Étudiant, un des Prussiens avait passé deux années à l'Université de Lille, et parlait français. Au colonel d'artillerie qui l'interrogeait, il assura :

— La guerre, nous n'avons pas examiné pourquoi. L'Empereur nous disait de marcher. N'est-ce pas, c'était le devoir.

Ainsi le fanatisme excitait des hommes qui n'étaient pas tous des sauvages, et prêtait aux pires horreurs une allure de vertu. Tous les blessés dénonçaient les ravages de notre artillerie, et le colonel savourait son contentement. Il interpellait les fantassins :

— Combien as-tu tué de Boches ? Tiens, moi, mon œuvre, je te la montre.

Dans les bois, les obus avaient allumé de larges incendies. Rases maintenant comme des pelouses, des clairières creusaient les taillis ; et d'autres ne présentaient plus que des troncs calcinés. Des cadavres semaient le chemin, — des Allemands et des Français mêlés par les vicissitudes de la bataille. Leurs poses variaient : la mort les a saisis dans toutes les attitudes, — tels qui dormaient de fatigue et tels qui combattaient, les uns qui ne s'attendaient point à la surprise, et les autres que les projectiles effrayaient. Il y a des corps déchiquetés et sanglants, des corps exempts de blessures apparentes et pareils à des figures de cire. Agenouillés contre des arbres, des tireurs défunts visent encore l'adversaire, et des cadavres mangent ou boivent. Pour le temps rapide de l'ultime métamorphose, les regards demeurent ternes ou épouvantés et des couples ennemis, — doubles silhouettes bleues-rouges et grises, armées de baïonnettes, — continuent de s'entre-tuer.

Des blessés suppliaient : les ambulances, enfin, viendraient-elles ? Depuis un, deux, trois jours, ils enduraient leurs douleurs, la fièvre, la soif et la terreur de cette mitraille qu'ils ne pouvaient éviter. Nous leur donnions à boire, nous leur promettions des secours ; et, devant cette misère, les plus vindicatifs soldats, ceux mêmes qui désiraient davantage des représailles, ne distinguaient plus les Allemands et les Français. Des médecins, déjà, pansaient les plaies et rangeaient les blessés à la lisière des fourrés ou dans les champs autour des meules. Une pluie fine trempait les uniformes, lavait les chairs, s'égouttait des cheveux. De ces fourmis qui se massacrent, qu'eût pensé Micromégas ? Il eût, sans doute, moqué leur sottise qui se prive des plaisirs et abrège une si courte vie. Laissons Micromégas et les gens qui opinent comme lui. Certaines folies sont sublimes et cèlent une beauté spirituelle que ces gens ne discernent pas.

Une odeur âcre montait du sol, emplissait l'espace, pénétrait les bouches et les narines, — l'odeur des hommes qui pourrissent. On avait beau galoper, quêter la brise, se pencher sur les ruisseaux, toujours s'accrochait à vous cette odeur de mort. Elle imbibait les vêtements, la peau, les feuilles, les herbages, elle jaillissait des fontaines, elle s'éparpillait dans les vents. Odeur de la mort triomphante qui imposait au paysage cet avant-goût de l'universelle corruption.

Des camions automobiles longeaient les chemins et des fossoyeurs enlevaient les cadavres qui s'étreignaient dans la charrette. Après quelques heures de cette besogne, la campagne fut nettoyée. Mais, imprégnée dans la terre, persistait l'odeur de la mort.

Et puis d'autres marques jalonnaient l'itinéraire. Les pieds de nos chevaux heurtaient partout des bouteilles, des bouchons, des goulots cassés. Elles s'habillaient encore de poussière, et les étiquettes moisies révélaient Bordeaux et Bourgogne, Côtes du Rhône et Touraine, et surtout ce champagne dont messieurs les Boches sont friands. Ah ! les barbares aimaient tous nos vins, de soleil et de sang, de framboise et de velours. Ils les avaient dérobés aux caves où lentement mûrissait le jus délectable. Mais, ces buveurs de bière, notre vin de France s'en était bien vengé. Lors de la bataille, il les agitait de démence, il voilait leurs yeux et secouait leurs bras. Allié secret, mais efficace, de nos chefs et de nos canons, le vin de France avait bien contribué à la victoire.

Ainsi notre sol nous offrait, pour nous guider à la poursuite des barbares, ces deux vestiges : les bouteilles et l'odeur de la mort.

Nos avants-gardes ne rencontraient nulle résistance et se hâtaient. Des nouvelles excellentes parvenaient de l'armée. Défaite sur toute la ligne, la horde allemande précipitait sa retraite, abandonnant des voitures, des munitions, des obusiers.

Rentrant à Morains-le-Petit, nous nous retrouvions sur le premier lieu de la bataille. Tour à tour, les deux artilleries s'étaient acharnées sur ce village. Il ne présentait plus guère que des murs ajourés et des monceaux de pierres noires. De rares maisons, par miracle, émergeaient du désastre. Et l'air mélangeait des relents de mort et d'incendie. Sous les décombres, des corps, déjà, exhibaient des mains violettes, où les vers grouillaient. Dans une cour un capitaine allemand était encore assis et tenait un gobelet à demi empli de vin.

Une dizaine de vieillards sortaient des caves où, depuis cinq jours, ils habitaient. Ils y avaient vécu sans manger et sans dormir, engourdis dans leur continuelle angoisse. Oh ! le fracas des toits qui s'écroulent, le crépitement des flammes, les implorations des moribonds... Et maintenant, oui, leur cauchemar se terminait. D'abord, ils avalaient un peu de pain et s'oubliaient jusqu'à sourire. Bientôt, ayant salué l'aubaine de leur salut, ils n'avaient plus qu'à se lamenter sur l'affreuse dévastation.

Nos troupes talonnaient les Allemands. En avant de Morains-le-Petit, une forte arrière-garde ennemie était presque cernée. Au prix de graves pertes, elle put enfin se dégager.

Nous refaisions, à peu près, le trajet de notre retraite, par Vertus et Condé-sur-Marne. Et nous devions accélérer davantage notre marche, si vite les Boches s'enfuyaient. Toujours, on ne dormait pas, et des pluies torrentielles arrosaient les étapes. Mais les soldats n'éprouvaient plus la fatigue et volaient derrière l'ennemi.

Les populations nous accueillaient, nous, leur délivrance. Les Saxons, qui constituaient le gros de l'armée que nous chassions, avaient commis moins de forfaits que les bandits de Prusse ou de Bavière. Si je me trompe, je suis peu entêté de mon erreur. Et je ne parle ici que de la France au sud de la Meuse : les prisonniers avouèrent qu'en Belgique, — et probablement dans le nord des Ardennes, — ils avaient incendié, violé, assassiné à l'envi. Dans cette région de Champagne, les plus impétueux n'avaient usé que de menaces : ceux-là, pour demander du tabac, du sucre ou du vin, mettaient leurs revolvers sous le menton des paysannes.

La plupart avaient manifesté une meilleure humeur. Lorsqu'ils descendaient vers la capitale, cette guerre tournait si bien selon leur vœu : une promenade, en vérité, avec des liqueurs et des femmes. Ils jargonnaient leur arrogance : « Allemagne au-dessus de tout, — après la guerre, tous Allemands, — nous dans deux jours à Parisse. » Leurs refrains ne se modifiaient pas. Ce « Parisse », sans cesse, luisait au bout de leurs rêves. Et volontiers, ces Boches, voulant être affables, cajolaient nos paysans : « Méchants Belges, tous tués, mais gentils Français, nous pas faire de mal. »

Ils étaient repassés, moins glorieux. Dès le mardi soir 8 septembre, leurs premiers régiments se repliaient vers le nord. Donc, dès lors, la bataille de la Marne était gagnée, avant l'issue du combat lui-même, et grâce à l'avantage stratégique de la position choisie par notre généralissime. L'offensive furieuse menée le mercredi par la garde impériale n'était qu'une diversion, destinée à masquer la retraite.

Leurs colonnes détalaient silencieuses, elles qui naguère défilaient au pas de parade et s'escortaient de fanfares. Les hommes levaient à peine les têtes: « Trop loin, Parisse ; nous pressés », disaient-ils à présent. Mélancoliques, ils regrettaient la ville qui évoquait pour eux les bombances et les orgies.

En somme, ces Saxons, des gaillards peu cruels, et que seuls leurs chefs, selon des ordres reçus, avaient incités aux crimes de Belgique. Une femme un peu hardie les maîtrisait facilement, préservait contre eux ses volailles ou ses confitures. Mais, experts magnifiquement au pillage, ces gaillards se rémunéraient sur les maisons désertées.

Au pillage, — au saccage plutôt. Les verres cassés, le linge déchiré, les meubles renversés et démolis, des souillures de toutes sortes, — voilà les souvenirs que ces messieurs laissaient de leur visite. Les chambres sentaient encore l'odeur fauve des saouleries et des ripailles. Oh ! ces demeures provinciales, ornées par des ans de labeur, d'économie, de soins méticuleux, le linge qui fleure la lavande, la vaisselle où des roses s'entrelacent, les fauteuils de reps rouge, les images chéries des parents, des mariages, des enfances, des communions, — voilà tous les trésors abîmés par les barbares, et que la victoire ne rendra point.

Des Boches échappaient à leurs officiers, traînaient dans les bois, se laissaient capturer. Sales, barbus, hirsutes, couverts de terre, ils riaient grossièrement. Maintenant que les affaires de l'Allemagne ne roulaient plus à merveille, maintenant que les militaires saxons, mal nourris, n'avaient plus loisir de boire, ces sages estimaient plus confortable un bagne français écarté du péril. Quelques-uns, pires que d'autres, simulaient une rancune contre Guillaume et ses ministres, juraient qu'après la guerre, Guillaume serait « kapout ». Mais leurs trognes attestaient leurs rapines, et qu'ils avaient bien profité de la maraude. Des gendarmes, qui les gardaient, tentaient parfois de causer avec leurs prisonniers. Pendant des minutes, un Boche, avec volubilité, parlait allemand, puis le gendarme parlait français. Tous deux s'intriguaient de ne pas mutuellement se comprendre, et le gendarme interprétait cette ignorance comme une fourberie.

Nous marchions toujours. Jusqu'où irions-nous ? Certes, nous comptions ne plus nous arrêter en France. Même, du coup, la guerre ne serait-elle pas finie, par l'épuisement de l'Allemagne ? Mais, le dimanche 13 septembre, à la fin de l'après-midi, nos troupes se huttaient contre une vive canonnade. Etablies, en face de nous, sur le plateau de Moronvillers, à l'est de Reims, des forces ennemies ne cédaient plus le passage. Quelles forces ? Sans doute, une arrière-garde, que le lendemain nous briserions.

VII

Bataille de l'Aisne (14 septembre-19 octobre).

Dès l'aube, nos chefs voulurent pousser leurs troupes en avant. Mais, tout de suite, il fut avéré que des forces importantes d'artillerie et d'infanterie défendaient contre nous le plateau de Moronvillers. Ce plateau constitue, au sud de la Suippe, une formidable barrière naturelle, où les Allemands s'étaient retranchés.

Donc une nouvelle bataille s'engageait. Elle serait courte, probablement. La bataille de la Marne avait détraqué la machine prussienne. Capable d'organisation et de persévérance, la race germanique ne brillait ni par l'ingéniosité, ni par la promptitude. Elle n'inventerait point une autre machine. Désemparée, simplement elle s'arrêtait, tentait de retarder notre offensive, n'usait pas de stratégie : obstination du sanglier qui ne peut s'enfuir, et fait face aux chasseurs.

Toutefois le combat était rude. A n'en point douter, la masse de l'armée ennemie occupait ces positions. L'ancienne chaussée romaine qui sort de Reims vers l'est et s'incline légèrement vers le sud, partageait sensiblement les partis adverses qui, devant nous, au centre de notre ligne, se disputaient le village de Prosnes.

Les obusiers allemands accablaient ce village. Des projectiles énormes écrasaient les toits, trouaient les rues, incendiaient les décombres. Surpris, le régiment qui gardait Prosnes lâcha pied. Tranquillement, le colonel qui commandait la brigade s'avança jusqu'à la maison la plus proche de l'ennemi. Avec son lieutenant adjoint, deux officiers agents de liaison, un cuisinier et deux ordonnances, il monta dans le grenier. Tous sept, munis de fusils, ouvrirent le feu contre les Allemands qui s'imaginèrent en présence de contingents nombreux, et n'osèrent les assaillir. Ce colonel, un héros, s'appelait le colonel Eon. En dépit de la canonnade et du village presque entièrement écroulé, il demeura sans relâche dans cette même maison, que le hasard préservait. A huit cents mètres, les Boches creusaient leurs tranchées. Notre régiment reprit ses positions, et Prosnes resta en notre pouvoir.

Un nouveau général était promu, en titre, à la division. Le général Guignabaudet avait fait maintes campagnes, au Soudan, au Tonkin, à Madagascar. La guerre ne l'étonnait pas. Un esprit clair, une méthode rigoureuse, un sang-froid constant signalaient ce chef qui, selon le cliché, juste ici, tenait exactement son monde dans sa main.

Imitant les Boches, nos fantassins s'enfonçaient dans la terre, et les tranchées parallèles s'opposaient sur tout le front. La lutte, se travestissant, adoptait un caractère inattendu. Elle devenait pareille à un immense siège. Il s'agissait, pour l'infanterie, de se rendre invulnérable à la mitraille, de protéger ses tranchées à l'aide de troncs d'arbres et plaques de tôle, de vivre une existence énervante et affreuse. Peu à peu, les trous de nos soldats se muaient en forteresses souterraines, se hérissaient de créneaux et de mitrailleuses, se prolongeaient par des chambres et des caveaux. Et il s'agissait encore de bondir contre les balles, de sauter dans les tranchées adverses, d'enfiler à la baïonnette les Boches qui ne s'étaient pas sauvés. Deux cents mètres gagnés équivalaient à une victoire.

Dans ces trous, il fallait, pendant des journées et des nuits, sous les obus, attendre, manger, dormir. Les cuisiniers apportaient chaque soir des repas chauds, à moins que la lune ne fût trop claire. Les deux lignes de tranchées rivales s'approchaient continûment l'une de l'autre, progressaient par des couloirs, n'étaient plus parfois qu'à cinquante mètres de distance. Les soldats, maintenant, connaissaient leurs ennemis. Ils savaient où se postaient les tireurs d'élite, qui assumaient la tâche de tuer nos officiers. Ils entendaient les chants et le jargonnement teutons.

Les galons, trop visibles, disparaissaient de nos uniformes. Et même les coiffes bleues des képis ne s'érigeaient pas du sol sans danger. Des garçons matois, pour se dissimuler absolument, combinèrent ce stratagème : ils enveloppèrent leurs képis avec le papier gris qui entoure les paquets de cartouches. Ainsi déguisés, ils observèrent impunément les lignes ennemies : la teinte du papier se confondait à celle de la terre.

Premièrement, nous espérions toujours venir à bout de la résistance allemande. Nos compagnies effectuaient des attaques quotidiennes et enlevaient quelques tranchées. Entraînés à la poursuite des Boches, quelques soldats s'aventurèrent trop loin et furent capturés. Les Allemands placèrent leurs prisonniers devant eux et tentèrent une charge à l'abri de ces boucliers vivants. Cette belle manœuvre n'aboutit qu'à l'évasion des nôtres et au massacre des Boches. Nos loyaux ennemis recouraient encore à bien d'autres traîtrises. Ils ne s'annonçaient à nos sentinelles que par les cris : « Vranzebadrouille », dont l'accent dénotait l'origine. Ou bien, mettant les fusils entre les jambes, ils affirmaient : « nous nous rendons, bas les armes » et tiraient à bout portant.

Notre offensive se lassa : elle n'était point encore, pour réussir, suffisamment outillée en batteries et munitions. Les Allemands nous crurent épuisés. Le 25 septembre, nos appareils de télégraphie sans fil saisirent une dépêche de Guillaume, qui prescrivait à ses troupes de percer nos lignes.

Pendant quelques jours, afin d'obéir à leur gracieux souverain, les Allemands s'évertuèrent. Ils furent décemment accueillis. Leurs compagnies compactes se ruaient à l'assaut et jonchaient de cadavres les champs. Pas une fois, nos rangs ne furent entamés. Les troupes allemandes, en majeure partie de réserve, ne valaient plus, déjà, les troupes du début, et surtout cette garde impériale active, détruite aux marais de Saint-Gond. Elles redoutaient la baïonnette et se battaient, comme disent nos fantassins, le ventre en arrière. En outre, elles se méfiaient de nos assauts nocturnes et, pour les prévenir, continuaient durant toute la nuit une fusillade violente et inutile, qui gaspillait les cartouches.

Prôsnes supportait toujours un même bombardement. Heure par heure, des estafettes en partaient, accompagnées par les obus et relataient au général de division les péripéties du combat. Le colonel Eon résidait encore dans sa maison d'extrême avant-garde, où ses officiers travaillaient, lisaient, jouaient. La population avait entièrement quitté le village, à l'exception d'une petite vieille, presque sourde 'et ratatinée, qui couchait dans sa cave. Parce que les soldats lui dérobaient, pour couvrir les tranchées, les volets de sa maison, elle se plaignait au colonel : « Mon garçon, je vois bien que vous êtes un chef ; il faut être gentil pour une pauvre vieille. » Complaisant, le colonel lui fit restituer son bien.

A leur tour, les vains efforts des Allemands s'épuisèrent. Dans les premiers jours d'octobre, un calme relatif s'installa entre les tranchées. Les actions d'infanterie devenaient rares, et la canonnade elle-même se ralentissait. De notre côté, pourtant, les artilleurs amenaient sans cesse des canons. D'anciens modèles revenaient en service, des obusiers et des « rimailho », de l'artillerie de marine et de forteresse s'enfouissaient dans le sol. Et les avions, que nous voyions si peu avant la bataille de la Marne, glissaient dans l'espace, repéraient les batteries, mettaient en fuite les vilains « pigeons » boches.

Le temps durait. Cette inaction finirait-elle ? On s'organisait, comme si le siège n'était pas près de se terminer. Chaque division, dans son secteur, assurait la relève régulière de ses régiments. Tous les quatre jours, avant l'aube, les brigades se remplaçaient mutuellement, et les hommes sortis des tranchées se reposaient dans les villages, quartiers généraux des divisions et du corps d'armée.

Ces héros admiraient leur liberté. Si bien accoutumés aux guets-apens des balles, ils riaient de se promener à leur guise, de respirer un air pur, de dormir sur une paille confortable. Et simplement ils narraient leurs exploits, comme des actions ordinaires, dont volontiers ils plaisantaient.

Les villages s'apprêtaient pour un hibernage. Désertés, lors de l'invasion, par leurs habitants, et savamment dévastés par les pillards, ils se repeuplaient : nul obus, par hasard, ne tombait au delà de leur lisière. Les maisons se rouvraient, et les femmes navrées nettoyaient les planchers, ordonnaient le chaos des armoires, du linge et des meubles. Les soldats rangeaient leurs campements, touchaient à heures fixes les distributions de viande, de pain et d'avoine, conduisaient les chevaux à l'abreuvoir. Il semblait qu'une existence commençât, pareille à celle d'une garnison, et coupée de manœuvres qui étaient des expéditions sous la mitraille.

Le temps durait. Les journées, semblables, n'offraient point d'événements. Le front des troupes ne bougeait plus. On s'ennuyait. Des groupes erraient dans les rues, devisaient, agitaient cent folies. D'autres essayaient de jouer, mais n'avaient guère le cœur aux cartes ou aux dominos, et bientôt quittaient bridge, manille ou matador. Deux fois par semaine, des automobiles gagnaient Châlons ou Epernay, d'où elles nous procuraient vêtements et provisions.

Une aubaine s'offrit : deux bibliothèques, de la gare et de l'instituteur. La première contenait mille inepties, mais en outre quelques éditions vulgaires de maints classiques : Racine, Ronsard, La Bruyère, et de moindres magiciens, tels que Cazotte et Théophile, nous réjouissaient de leurs phrases. Dans la seconde, des niaiseries primaires voisinaient avec la *Mare au Diable* et un livre d'About, un livre oublié qui mériterait quelque souvenir. About y notait, en 1871, ses impressions d'un voyage en Alsace. Cet ouvrage atteste la fidélité de notre province et accuse en outre la métamorphose d'About lui-même, esprit frivole à qui la guerre soudain révélait les réalités, et qui prophétisait les luttes que subirait l'Europe. Lecture pathétique, où notre sort, déjà, s'était inscrit.

Les ambulances, à peu près, chômaient. Il y en avait une singulière. Les six infirmiers comprenaient deux pasteurs protestants, un rabbin, un dentiste, un médecin grec et un Jésuite, tous engagés volontaires et, plusieurs, hommes doués d'une haute culture. Le Jésuite, notamment, outre qu'il savait sept langues modernes, lisait dans le texte Platon et la Bible. Cette ambulance s'ornait de piétés diverses, de fines dialectiques et de propos ingénieux.

Pour la messe du dimanche, la petite église du village se bondait, — une église du premier gothique, étroite et blanche, et qui vogue vers le ciel comme une barque d'espoir, — malheureusement restaurée par les disciples de Violet le Duc. Des officiers, des soldats de toutes armes s'entassaient, au point d'obstruer l'allée centrale. L'encens ne fumait point, et de riches tentures ne paraient pas l'autel d'où nulle parole ne commentait l'Eucharistie. Mais, de cette messe matutinale se dégageait, à cause de la mort proche, une beauté sublime. Cette messe ne serait-elle pas la dernière, et combien de ces hommes, bientôt, paraîtraient devant ce Dieu de leurs oraisons ! Noblesse et gravité de la religion catholique, qui attribue au sacrifice un sens éternel.

Chaque jeudi, dans une salle de la mairie, le Conseil de guerre tenait séance. Il se composait du colonel-président, d'un commandant, d'un capitaine, d'un lieutenant, d'un sous-officier. Une escouade sous les armes prêtait à la justice quelque majesté. Les audiences n'excitaient pas moins de curiosité qu'une grande affaire criminelle de Paris et attiraient un public nombreux de civils et de militaires. Aux inculpés, le commissaire du gouvernement reprochait d'ordinaire de menus vols, des mutilations volontaires ou des abandons de poste.

Les juges essayaient surtout de juger l'homme qu'ils avaient devant eux selon ses antécédents et les notes de ses chefs, plus qu'ils ne jugeaient le délit même ; ils écoutaient leurs consciences davantage que la loi. Leur indispensable sévérité se tempérait d'indulgence pour quiconque s'était bien battu. Afin d'éluder les articles du Code, ils recouraient, comme nos magistrats civils, au procédé de la « question décomposée ». De la sorte, les abandons de poste en présence de l'ennemi, lesquels eussent abouti à la mort comme châtiment, se transmuaient en abandons de poste en temps de guerre, et les circonstances atténuantes permettaient d'abaisser la peine jusqu'à deux ans de prison. Louable modération : il s'agissait de réservistes qui avaient cédé à l'effarement du premier feu, et se montraient ensuite de braves soldats. Ils retournaient en effet à la bataille, et pouvaient par leur conduite racheter des punitions qui n'étaient applicables qu'après la guerre. Certaines causes exhibaient des types comiques, et tournaient à la saynette de Courteline. Pour avoir soustrait à son caporal un carnet d'un sou, un lascar était prévenu de vol d'effets militaires : le Conseil écarta ce grief. Un autre accusé, soupçonné de mutilation volontaire, prétendait avoir reçu sa blessure tandis que, sorti de sa tranchée, il s'allégeait... Et le colonel-président s'extasiait de ce gaillard qui, négligeant la mitraille, opère tranquillement, le derrière à l'ennemi...

A quelques cents pas du village, une famille extraordinaire vivait dans les bois. Deux bouledogues défendaient les abords de sa cahute, à demi-enterrée. Derrière un grillage, des canards et des poules faméliques se trémoussaient. Le père, la mère, deux filles, un fils subsistaient là du braconnage. Le chef de la tribu, un homme robuste de cinquante ans, exerçait dès longtemps ce métier, et se vantait auprès des gendarmes : « Vous ne me pincerez jamais ». La guerre avait troublé ses habitudes, et sapé ses privilèges. Les soldats n'osaient-ils pas s'emparer de gibier attrapé aux collets du braconnier ? Il ne décolérait pas contre ces chapardeurs qui ne respectaient point la plus légitime propriété. Ainsi enrageait cet Hadj-Stavros dégénéré, qu'une police trop puissante avait réduit à ne plus dépouiller que les faisans et les lièvres.

Les courriers de Châlons nous fournissaient de journaux : la mort d'Albert de Mun, qui n'était pas le moins utile soldat de la France, le manifeste des intellectuels allemands, le bombardement de Reims et la mirifique vaticination du moine Joannès marquaient nos principaux éphémérides. Et ce moine nous exhortait à la patience : nous nous trouvions loin, encore, du lieu « où l'aigle noir forge ses armes » et où nous devions triompher.

Pourtant, nous souhaitions que le moine se fût trompé, et que le terme se hâtât. L'oisiveté engendrait des rumeurs, à quoi nous n'avions point confiance, mais que nous écoutions comme la voix d'une ondine séduisante et menteuse : ne contait-on point, par exemple, que deux régiments bavarois, musique en tête, avaient capitulé ? Les communiqués officiels alimentaient mieux notre espoir. Rapidement, notre armée de l'aile gauche progressait vers le nord, et menaçait d'encerclement l'ennemi qui serait peut-être contraint à la retraite. Certain crépuscule, une nouvelle magnifique éclatait : von Kluck et quarante mille hommes étaient capturés par Castelnau. Un automobiliste, qui arrivait de Paris, y avait vu la dépêche affichée. Ce soir-là, unanime joie ; le lendemain, incertitude ; et puis, la déception.

L'automne, tour à tour, nous présentait ses deux visages : tantôt pluvieuse et morne, lorsqu'elle regarde vers le sombre avenir ; tantôt, si elle se remémore le passé radieux, douce, mélancolique et somptueuse, sous sa robe de rouille, de pourpre et d'or, — l'automne alors qui suggère les regrets et les songes. Et c'était la saison des vendanges. A une lieue du canon, parmi le cadre charmant des coteaux boisés, des champs déroulaient leurs minuscules forêts d'arbustes chargés de grappes blondes et noires. Coiffées de larges chapeaux, les paysannes, courbées, cueillaient les raisins, qu'elles jetaient aux corbeilles. Et, ce vin-là, les Boches ne le boiraient pas.

Mais la bataille, vers le nord, se développait. Là-bas, sans doute, se déciderait le sort de l'invasion. Et puis Anvers assiégée succombait. Notre corps d'armée n'occupait qu'un secteur très restreint, où il n'avait guère de besogne, et où l'inertie des adversaires se perpétuait. En tapinois, le murmure circula que nous serions envoyés dans les Flandres. Et, tout à coup, les préparatifs furent évidents : le corps d'armée s'en allait.

Le 20 octobre, sous une brume qui donnait au paysage, déjà, l'apparence d'un souvenir, nous dîmes adieu à cette région, et à de longues semaines de notre vie. Nous partions, allègres. Car nous disions adieu aussi à notre ennui, à la guerre immuable et souterraine, à la désillusion de n'avoir point expulsé les Boches.

VIII

La bataille d'Ypres (21 octobre-15 décembre).

Il faisait encore nuit. Des files de camions anglais stationnaient sur ces routes de la Flandre française. Éveillés déjà, les conducteurs se lavaient à grande eau froide, allumaient des feux dans les champs et chauffaient leur « corned beef ». Nos soldats regardaient curieusement ces gaillards flegmatiques qui nous saluaient de la main. Les colonnes du corps d'armée cheminaient. Les maisons, d'une architecture mâtinée d'arabe, exhibaient des enseignes flamandes, et les gars placides s'interpellaient dans un langage guttural. Des états-majors britanniques habitaient certaines petites villes, et des officiers circulaient, ornés de monocles et d'éperons d'argent. Des troupes cipayes manœuvraient dans les prairies, et les Hindous, coiffés de turbans et vêtus de larges culottes, riaient et simulaient avec leurs couteaux la gaîté de couper la gorge des Boches.

La région avait subi pendant quelques jours les Allemands, chassés par les Anglais au prix de luttes opiniâtres. Les barbares, naturellement, avaient à merveille saccagé les propriétés et violé les femmes. Parce que nous la garantissions contre un retour de l'ennemi, la population nous manifestait sa gratitude. Dans les cabarets, soumis pieusement aux patronages de Saint-Jean, Saint-Paul ou Saint-Jacques, de jeunes femmes blondes berçaient les poupons et n'acceptaient nulle rémunération pour leur genièvre. La marmaille pullulait devant les seuils, blonde le plus souvent, — et parfois brune et sérieuse, avec des figures où les anciens dominateurs espagnols se perpétuaient.

Un poteau marquait seul la frontière, et le pays ne changeait aucunement. Nous marchions vers Ypres, où les communiqués militaires signalaient des forces franco-anglaises, — Ypres devenue la capitale du roi Albert. Entourant la ville, des forts démantelés se miraient dans une eau calme, jaunie de feuilles et de soleil. Entre les vieilles maisons aux bois capricieux, serpentaient des rues tortueuses. Sur la place, la halle érigeait sa dentelle de pierre, le miracle de ses tours et de ses statues. Et les façades, les boutiques, les visages attestaient une civilisation très longue et des trésors accumulés par les siècles. Ypres, jadis puissante et fastueuse, vivait sur l'héritage de sa prospérité. On la nommait à tort une cité morte. Plutôt elle ressemblait à une dame paresseuse, charmante et surannée. Insensible aux tristesses de Rodenbach, elle eût reconnu son génie dans un Mæterlinck discipliné par l'Église. Elle prisait les chairs truculentes, les festins, les tapisseries, la sérénité raisonnable, les crépuscules parfumés. Elle avait inventé, peut-être, la plus jolie façon de dépenser les heures.

Au soir, les soldats britanniques bondaient les tavernes. Attablés, les Anglais, parmi l'âcre chaleur, jouaient aux dés ou aux cartes, fumaient leurs pipes, buvaient sans vergogne, chantaient des refrains lents et nostalgiques. Ailleurs, un musicien, à robe courte et bonnet, modulait sur sa cornemuse un rythme allègre, et ses compatriotes d'Écosse s'unissaient par couples, viraient sous les lampes, cadençaient leurs pas. Quelques troupiers de chez nous imitaient ces mouvements, s'initiaient aux danses et trouvaient ainsi moyen, malgré les idiomes divers, de causer avec ces amis étrangers. Une fumée transfigurait la scène, comme si de l'encens eût brûlé pour une cérémonie bizarre en l'honneur d'un dieu.

Et des nouvelles nous accueillaient. La victoire des Russes près de la Vistule inaugurait sans doute le triomphe de nos alliés. Et, sur notre front, se massaient des contingents qui enfonceraient les lignes ennemies. Le sol, disait-on, humide et friable, ne se prêterait point à des tranchées stables. Et les Boches n'useraient plus efficacement de ce stratagème.

Le 24 octobre, notre offensive s'amorça. Nos régiments avançaient d'Ypres sur Roulers, par Langhemarq et Paschendaele. A notre droite, les Anglais attaquaient Gheluvelt. Accidentée, la campagne était coupée de villages, de hameaux, de fermes, de rideaux d'arbres, qui offraient autant de bases à la résistance ennemie. Enfouis dans la terre et cachés par du chaume, des canons se disséminaient partout. Aux batteries de 75 et de rimailho, de 90, 95 et 120, se joignaient les nouveaux 105, chef-d'œuvre du Creusot. Notre artillerie, les obusiers allemands, l'artillerie lourde anglaise, les mitrailleuses mêlaient sans répit leurs sifflements et leurs détonations, brèves ou rauques, grasses ou cinglantes.

Animé d'enthousiasme, le corps d'armée progressa vigoureusement, conquit sur les Allemands l'important village de Zonnebeke, enleva une dizaine de mitrailleuses et quatre canons. Plusieurs centaines de prisonniers furent évacués : territoriaux de quarante ans, ou recrues qui n'avaient pas deux mois d'instruction. Les Allemands, néanmoins, ne reculaient pas sous la mitraille et ne se rendaient qu'aux baïonnettes.

Au cours des journées suivantes, nos progrès s'accentuèrent, mais plus lentement. Visiblement, des renforts avaient consolidé l'adversaire. Et peu à peu, malgré les prévisions des géologues, la guerre tournait à la guerre de tranchées. De part et d'autre, comme en Champagne, les tranchées se creusaient plus profondes, s'étayaient, se protégeaient de couvertures contre les obus, et de fils de fer barbelés contre l'infanterie. Ainsi perfectionnées, les organisations défensives fixaient encore une fois la ligne de combat.

Dès le 3o octobre, nos attaques cessaient. Notre commandement s'attendait à l'offensive allemande. Elle commença contre les Anglais, dans la direction de Gheluvelt. Des dépêches révélaient la présence de Guillaume parmi ses troupes bavaroises, qu'il avait conviées à entrer dans Ypres pour la Toussaint. Cette invitation ne valut aux bataillons bavarois que des massacres. Ils s'aidèrent en vain de bombardements : l'artillerie des alliés possédait maintenant la suprématie du nombre, comme celle des munitions, et ripostait avec avantage.

Les observateurs, postés dans les premiers rangs de l'infanterie, et reliés aux batteries par des fils téléphoniques, assuraient au tir de nos canons une précision terrible. Les Bavarois chargeaient furieusement contre les Anglais. Fusils et mitrailleuses trouaient effroyablement les formations serrées des assaillants. En dépit de leur supériorité numérique, — ils étaient presque trois contre un, — les Bavarois n'entamèrent pas la résistance de nos alliés. Les Anglais gardaient un sang-froid qui ne se démentait pas. Une ou deux fois, ils perdirent quelques tranchées et les regagnèrent par des contre-attaques immédiates. Afin de compenser son échec, Guillaume se vengea sur Ypres : les projectiles boches détruisirent les Halles, incendièrent les églises, dévastèrent la cité précieuse. Ainsi Guillaume faisaient de la réclame aux produits de la maison Krupp.

Plusieurs jours, les attaques contre les Anglais se répétèrent, avec une égale malchance. Alors elles s'adressèrent à nous, qui ne souffrions auparavant que de la canonnade. Jusqu'au 14 novembre, elles s'évertuèrent à tapisser de cadavres les prairies. Les colonnes compactes des Boches, il n'y avait même pas besoin de les viser : chaque coup abattait son homme. Nos soldats tiraient à plaisir. Précipitamment Guillaume, emportant sa honte et sa colère, partit pour la Pologne.

Il arriva que des fractions, accablées par l'avalanche ennemie, cédèrent un peu de terrain. De telles anicroches furent l'occasion de maints héroïsmes. Un régiment ayant lâché pied, notre ancien chef de division, le général Moussy, réunit derrière lui un peloton de hussards, quelques agents de liaison, des ordonnances et, sa canne à la main, s'élança contre les tranchées abandonnées à l'ennemi. Tout le régiment fut entraîné par un tel exemple et reprit ses positions.

Cette fois, les quartiers généraux résidaient dans des villages bombardés. Les journées avaient beau raccourcir, elles semblaient longues tout de même à notre attente oisive, coupée de faciles missions. Parfois le tapage se lassait, pour une brève acalmie. Déchiquetées, les maisons montraient leurs tentures brûlées, leurs plafonds troués, leurs meubles et leurs bibelots, leurs flacons et leurs images, — toutes les reliques d'une existence paisible. Dans le cimetière, sous l'égide du clocher, ces Flamands avaient souhaité un tranquille sommeil, et des inscriptions évoquaient les mémoires des commerçants et des bourgmestres, des épouses et des vierges, des vieillards et des bambins. Mais la mort ne respectait pas la mort. Les obus déchiraient la terre et dénudaient les cercueils. Et les Prussiens s'acharnaient contre l'église. A défaut des hymnes et des cloches qui eussent pour l'anniversaire de la Toussaint, sonné l'extase des élus, les projectiles éclataient dans le clocher, brisaient les arcs et les vitraux, abattaient les statues, ensevelissaient l'autel sous la chaux et les pierres. Le canon célébrait la frénésie sauvage de la mort. Et pourtant sur ces tombes bouleversées luisait un soleil tiède, presque gai, — comme le symbole de l'éternelle paix.

Des animaux erraient par les rues, des chèvres, des chiens, des chats, en quête de leur pitance. Et leurs égoïsmes se disputaient les os rongés et les croûtes de pain. Les murs des cabarets délabrés proposaient encore à notre ennui leurs amusements locaux : il s'agissait de jeter, sur des cibles de bois, divisées en cercles coloriés et marqués de chiffres, de petites fléchettes à pointes de fer. Des joueurs se passionnaient pour cet exercice et, jusqu'à éreinter leurs épaules, n'entendaient plus la mitraille auprès d'eux. Dans une laiterie, des soldats découvraient des barattes pleines de crème. Le moteur ne fonctionnait plus. Mais ils versaient la crème dans des jattes et pendant des heures, à l'aide de planchettes, battaient le liquide peu à peu épaissi : enfin, à force de persévérance, ils obtenaient les belles mottes de beurre jaune dont se délecteraient, au soir, les escouades ou les pelotons. Des automobiles blindées et armées de mitrailleuses nous apportaient les échos de l'armée belge, qui luttait autour de Dixmude. Un train blindé, bariolé de feuillages par ses pilotes anglais, longeait la voie ferrée: son tonnerre secouait l'espace, et renversait les cloisons chancelantes. Des visiteurs s'informaient de notre situation et sir Seely, l'ancien ministre de la guerre britannique, présentement colonel, partait, à pied, pour nos tranchées extrêmes.

A de certains moments, le bombardement s'exaspérait. Tandis que les garçons les plus hardis se moquaient des marmites et des shrapnells, la plupart de ceux que leur rôle n'attirait point dehors descendaient dans les caves, où des bouts de bougies éclairaient les bouteilles vides, les tas de pommes de terre, les faces rayées d'ombres. Rembrandt eût aimé ces fantaisies de la lumière. Afin d'oublier le fracas des obus, la grêle des toits, l'écroulement des escaliers, volontiers les causeries plaisantaient. Des officiers anglais narraient leurs aventures d'humour. L'un d'eux, une fois, avait acheté pour son escadron une centaine de ferrures. Mais il se trouvait fort empêché de libeller son bon de réquisition, car il ignorait le terme par où la langue française désigne cet objet. Bravement, il écrivit: « Bon pour cent pantoufles de cheval. »

Un homme surprenant commandait une division. Affable, le général Lefèvre vous recevait dans sa masure démolie comme dans un salon. Très grand et mince, il s'en allait à pied ou à bicyclette, jusqu'aux plus périlleux avant-postes: il semblait se glisser à travers les balles. Jamais il ne sourcillait ou n'élevait la voix et nulle alerte ne l'agitait. Par une après-midi de relatif silence, il jouait au bridge avec quelques officiers. Soudain, du vacarme: un obus écrasait le toit et tombait dans la cuisine. L'état-major, les agents de liaison, les ordonnances s'effaraient. Mais le général ne bougeait pas. Sans même s'enquérir de l'incident, il proférait seulement : « Trois sans-atout ».

Cependant la bataille, vers le 15 novembre, s'épuisait. Des deux côtés, l'infanterie se tenait coite, et seule l'artillerie, fidèle à son habitude, continuait sa besogne. La bataille, en somme, aboutissait à l'échec de la poussée allemande vers la mer. Le mur vivant de notre armée se dressait maintenant de Belfort à Nieuport et limitait les incursions teutonnes. Il s'avérait que le front ne se modifierait guère avant le printemps. Et les péripéties des Russes dénonçaient que les progrès de nos alliés ne seraient pas aussi rapides que nous l'imaginions premièrement. Donc, nos troupes organisaient leurs quartiers d'hiver. Tous les quatre jours, des relèves changeaient les régiments des tranchées.

Ils se bâtissaient en arrière, dans des régions où les obus ne tapaient que rarement, des campements de bois et de chaume. Afin de chauffer ces baraques, ils installaient des poêles de tôle que rougissait la braise. Et les hommes, savourant la moiteur et le repos, astiquaient leurs armes, fredonnaient des refrains, écrivaient au pays.

La pluie et la boue salissaient l'automne. Parfois le soleil dissipait les nuages et dorait les arbres nus. Mais bientôt il se renfrognait derrière les averses et le brouillard. Les routes se détrempaient, au point que dans les bas-côtés de terre les chevaux enfonçaient jusqu'aux genoux. Les pavés du milieu supportaient à peine les convois qui, le soir, ravitaillaient les avant-postes et accaparaient les voies. Des camions, quelquefois, se rencontraient : l'un devait céder le pavé à l'autre et s'embourbait, malgré les efforts des chevaux et les jurons du cocher. Des cyclistes, des cavaliers estafettes, des escadrons, des fantassins se heurtaient dans l'ombre et s'emprisonnaient dans l'encombrement.

Il y eut aussi de la neige. Pendant une semaine, le sol gelé craquait. Les arbres, les buissons se découpaient sur l'étendue blanche, que les contours trop précis faisaient pareille à un jouet puéril. Les étangs se vêtaient de glace, que les soldats, insensibles au froid, cassaient, pour dénicher dans les pierres les anguilles.

La population d'Ypres et des alentours n'avait pas fui. Elle couchait dans les caves, et si le bombarbement diminuait d'intensité, passait les journées à la surface de la terre. Dans les cabarets, les vieux fumaient les pipes, tandis que les filles raccommodaient les hardes et que sur les dalles les sabots des bambins claquaient. Pour économiser le pétrole, on n'allumait les lampes que fort tard, et la mélancolie crépusculaire enveloppait peu à peu ce tableau de Téniers.

Tout de même nous enveloppait la mélancolie de l'hiver. Nous glissions à la routine des travaux monotones et des jours sans aubaines. Mais nous savions à présent que la guerre était gagnée par nous et que les rudes batailles futures n'en modifieraient pas le succès. Au delà des semaines mornes, déjà, nos yeux s'éblouissaient de la revanche.

IX

L'hôpital.

Une tête lourde, de la fièvre, du délire où passaient clameurs, plaintes, sifflements. Et puis le médecin-major a dit : « Il faut l'évacuer. » Une automobile bondissait dans l'ombre, fouettait le vent, se faufilait entre les obus, suscitait à ses côtés le spectacle fantastique d'Ypres dévastée, de la halle qui s'effondre, des murailles qui flambent.

Le train, vertigineux par saccades et lent, cahotait. Des blessés, couchés sur des hamacs, gémissaient un peu. Bourré jusqu'au tuyau, le poêle de tôle ronflait de joie. Des stations s'illuminaient, des femmes blanches offraient du lait, du thé, du bouillon, des oranges, soutenaient les fronts brûlants, et le train, encore, s'enfonçait dans la nuit.

L'aube éclaira l'étendue bleue des eaux. Dans l'azur, des caravelles grises voguaient et, plus bas, des nues ardentes édifiaient des cathédrales, des montagnes, des palais, volaient comme des aigles de feu, s'effilochaient dans la brise. Ocreuses et roses, les falaises s'escarpaient et se coiffaient de chaumières. Les plages s'abaissaient doucement jusqu'aux clapotis des flots.

Des mouettes, par groupes, viraient, rasaient les vagues, remontaient dans l'espace. Des bois, des collines cachaient l'horizon marin et s'abolissaient de nouveau. Quelque voile blanche fleurissait de la mer, cinglait vers l'aventure, entrait dans les cieux.

Puis le train regagnait la campagne. Des prairies, des vallons, des forêts, des villes... Et, sous le crépuscule, une masse énorme et confuse de toits pressés, de cheminées, de dômes, de clochers, de monuments : Paris, obscur, notre Paris qui a délaissé le plaisir pour l'angoisse, et que déjà l'ombre effaçait.

Le train filait vers Rennes, disait-on. Mais, en Normandie, voici une petite cité avenante et pimpante et qui joliment dessine ses coteaux vêtus de sapins. Il ferait bon de s'arrêter et de goûter cet air... Quelques malades ont la chance de descendre.

Oh ! la volupté du linge et des draps qui vous enveloppent de fraîcheur blanche ! Des mains habiles écartent la souffrance. Et une voix douce s'échappe d'une cornette, une voix si douce qu'elle semble celle d'un ange.

Dans cette salle aux murs gris bleus ornés de fleurs vertes, cinq lits s'alignaient. Les fenêtres encadraient des vaches qui, sous des pommiers, paissaient une herbe courte. Les heures se ponctuaient de potions, de cachets, de piqûres, d'imaginations folles. Ce sifflement n'annonçait-il point les obus ? Et dans les cauchemars, parfois, la tourmente soufflait comme le canon.

La Sœur, — qui se nommait comme un fils d'Adam et comme un ermite très ancien, — se penchait vers les malades, leur parlait, les réconfortait contre les terreurs de la fièvre. Elle avait un visage jeune où des lunettes, déjà, couvraient ses yeux. Elle contait des histoires et souriait. Volontiers taquine, elle s'amusait d'espiègleries. Sa gaieté jaillissait, gaieté des nonnes qui ont renoncé la fantasmagorie et de qui le quotidien sacrifice compose le bonheur. Tous ses malades, les vieillards, les soldats, les bambins, elle les aimait comme ses enfants. Pourtant elle eût désiré un autre rôle :

— Je voudrais tant, avouait-elle, être sur le champ de bataille !

Son regard admirait l'imaginaire vision des plaies sanglantes, de la mitraille, des corps mutilés. Et presque elle se reprochait son ambition comme une révolte contre la volonté de Dieu.

Le médecin combinait les remèdes, quêtait les stratagèmes pour déjouer la mort, — un médecin qui connaissait toutes les figures et les ruses de la camarde et qui savait la duper. Des années de pratique, tant de moribonds et de douleurs ne l'avaient point blasé. Devant ces corps si débiles que la vie s'en évadait, son impuissance le faisait pleurer.

La fureur du sang, bientôt, s'apaisait. Et se suivaient des journées monotones. Des habitants nous visitaient, nous gâtaient de friandises, de fruits, de vins vieux. Les bibliothèques, pour nous, dispersaient leurs livres et leurs revues. Et, par merveille, notre présence éteignait les discordes, conciliait les inimitiés.

La petite cité normande nous choyait, nous cajolait, nous infusait sa force. Dépaysés, des tirailleurs africains oubliaient leur nostalgie et appelaient les nonnes « mamans ». Des gaillards de Gascogne ou de Provence décrivaient les provinces de lumière et les rondes gracieuses de leurs amies. Dans le vieil hôpital, les patois divers mêlaient leurs accents et leurs chansons, tendres ou farouches, allègres ou lasses. Clopin-clopant, appuyés sur des cannes ou des béquilles, les blessés, sous les arceaux du cloître, rapprenaient à marcher. Et, pour quelques-uns, une béquille, désormais, suppléait une jambe...

Peu à peu ! le printemps verdissait le gazon, animait les oiseaux, s'attiédissait de soleil. Et ce magicien, narguant la mort qui nous avait lâchés, nous versait dans ses effluves le miracle de la guérison.

FIN

TABLE

	Pag.
I. Le départ	3
II. La Lorraine (5-20 août)	12
III. La bataille de Belgique (21-23 août)	23
IV. La Retraite (24 août-5 septembre)	32
V. La bataille de la Marne (6-9 septembre)	42
VI. La poursuite (10-13 septembre)	48
VII. Bataille de l'Aisne (14 septembre-19 octobre)	55
VIII. La bataille d'Ypres (21 octobre-15 décembre)	65
IX. L'hôpital	74

www.ingramcontent.com/pod-product-compliance
Lightning Source LLC
LaVergne TN
LVHW050622090426
835512LV00008B/1624